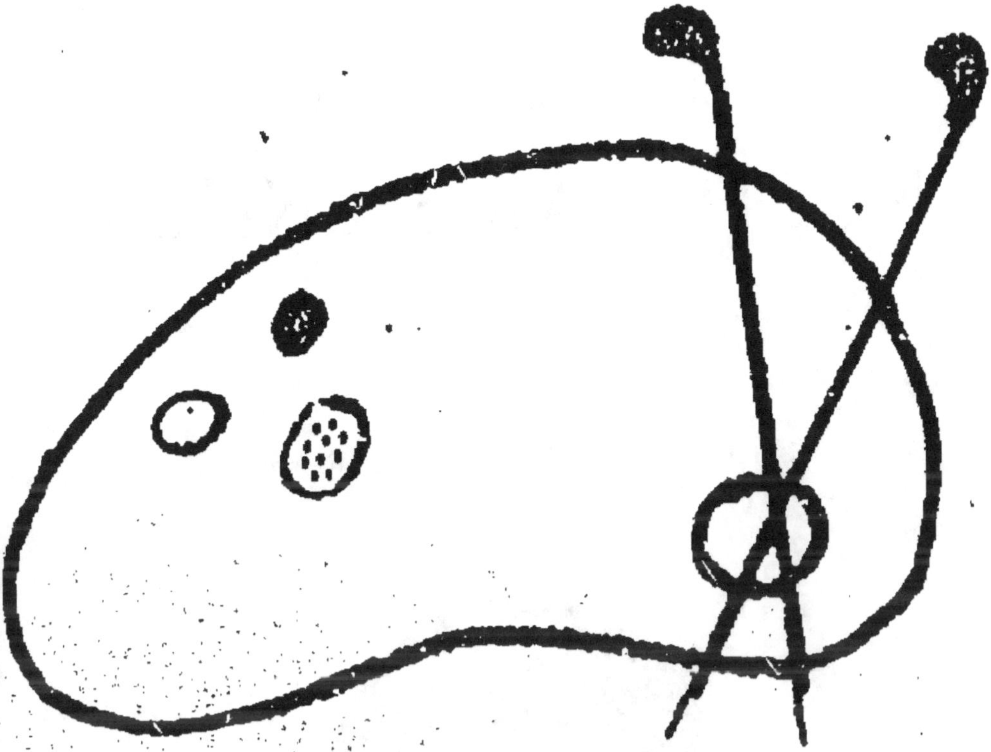

Couvertures supérieure et inférieure
en couleur

ARSÈNE HOUSSAYE

LES MILLE ET UNE
NUITS PARISIENNES

I

LE MARQUIS DE SATANAS

PARIS

E. DENTU, ÉDITEUR

17 ET 19, GALERIE D'ORLÉANS, PALAIS-ROYAL

1875

Tous droits réservés

LES MILLE ET UNE NUITS PARISIENNES

TOME I. — LE MARQUIS DE SATANAS. — LA DESCENTE AUX ENFERS PARISIENS. — UN ANGE SUR LA TERRE. — M. PAUL ET Mlle VIRGINIE. — LE PÉCHÉ DE JEANNE D'ARMAILLAC.

TOME II. — LA CONFESSION DE CAROLINE. — LE COUP D'ÉVENTAIL. — LES NOCTAMBULES. — CES DEMOISELLES ET CES DAMES. — SŒUR AGNÈS. — LES AVENTURES DE JEANNE D'ARMAILLAC.

TOME III. — LA PRINCESSE AU GRAIN DE BEAUTÉ. — MADAME DON JUAN. — LADY LOVELACE. — L'ENLÈVEMENT DE DÉJANIRE. — LES ÉCLATS DE RIRE DE JEANNE D'ARMAILLAC.

TOME IV. — LA DAME AUX DIAMANTS. — MORTE DE PEUR. — LES SACRIFICES. — PARADOXES NOCTURNES SUR LES FEMMES. — LE DERNIER AMOUR DE JEANNE D'ARMAILLAC. — LE JUGEMENT DERNIER.

4 volumes in-8. — Vingt gravures de HENRY DE MONTAUT. — 20 francs.

Édition sur papier de Hollande, 100 exemplaires numérotés, 40 fr.

LES GRANDES DAMES

Magnifique édition illustrée de vingt gravures et eaux-fortes par *La Guillermie, Morin, Léopold Flameng, Masson*, etc.

1 VOLUME GRAND IN-8°, VÉLIN ROYAL, 15 FR.

100 exemplaires sur papier teinté, gravures avant la lettre, 25 fr.;
papier de Hollande, 40 fr.; papier de Chine, 50 fr.

(Les 12 éditions en 1 volumes sont épuisées et hors de prix.)

LES COURTISANES DU MONDE

4 vol. in-8° cavalier, illustrés de portraits et gravures par *La Guillermie, Bertall, Nargeot, Cucinotta, Carlo Gripp*.

PRIX, 20 FR.

GALERIE DU DIX-HUITIÈME SIÈCLE

La Régence. — Louis XV. — Louis XVI. — La Révolution.

10e édition. 4 vol. à 3 fr. 50.

ROMANS NOUVEAUX

La Femme fusillée, 2 vol., 10 fr. — *Le Roman des Femmes qui ont aimé*, 1 vol., 3 fr. 50. — *Tragique Aventure de Bal masqué*, 1 vol., 3 fr. 50. — *Histoire d'une Fille perdue*, 1 vol., 3 fr. 50. — *Mlle Trente-six vertus*, 1 vol., 3 fr. 50. — *Le Violon de Franjolé*, 1 vol., 3 fr. 50. — *Voyages romanesques*, 1 vol., 3 fr. 50. — *Les Cent et un Sonnets*, 1 vol., 3 fr. 50.

DE L'IMPRIMERIE EUGÈNE HEUTTÉ ET Cie, A SAINT-GERMAIN.

LES MILLE ET UNE

NUITS PARISIENNES

DENTU, ÉDITEUR, PALAIS-ROYAL

LES

MILLE ET UNE NUITS PARISIENNES

Par l'Auteur des *Grandes Dames*

TOME I

LE MARQUIS DE SATANAS.
LA DESCENTE AUX ENFERS PARISIENS.
UN ANGE SUR LA TERRE.
DON JUAN VAINCU.
M. PAUL ET Mlle VIRGINIE.
LE PÉCHÉ DE JEANNE D'ARMAILLAC.

TOME II

LA CONFESSION DE CAROLINE.
LE COUP D'ÉVENTAIL.
LES NOCTAMBULES.
SŒUR AGNÈS.
CES DEMOISELLES ET CES DAMES.
LES AVENTURES DE JEANNE D'ARMAILLAC.

TOME III

LA PRINCESSE AU GRAIN DE BEAUTÉ.
MADAME DON JUAN.
LADY LOVELACE.
L'ENLÈVEMENT DE DÉJANIRE.
LES ÉCLATS DE RIRE DE JEANNE D'ARMAILLAC.

TOME IV

LA DAME AUX DIAMANTS.
MORTE DE PEUR.
LES SACRIFIÉES.
PARADOXES NOCTURNES SUR LES FEMMES.
LE DERNIER AMOUR DE JEANNE D'ARMAILLAC
LE JUGEMENT DERNIER

Prix du volume, 5 fr. Envoi franco, 5 fr. 5o.

DE L'IMPRIMERIE EUGÈNE HEUTTE ET Cie, A SAINT-GERMAIN.

ARSÈNE HOUSSAYE

LES MILLE ET UNE
NUITS PARISIENNES

I

LE MARQUIS DE SATANAS
LA DESCENTE AUX ENFERS PARISIENS
UN ANGE SUR LA TERRE
DON JUAN VAINCU
MONSIEUR PAUL ET MADEMOISELLE VIRGINIE
LE PÉCHÉ DE JEANNE D'ARMAILLAC

PARIS

E. DENTU, ÉDITEUR

17 ET 19, GALERIE D'ORLÉANS, PALAIS-ROYAL

1875

Tous droits réservés.

LES

MILLE ET UNE NUITS

PARISIENNES

LIVRE I

MONSEIGNEUR LE DIABLE

I.

COMMENT MADEMOISELLE JEANNE D'ARMAILLAC
FUT POSSÉDÉE DU DIABLE EN L'AN
DE GRACE 1873.

CE fut alors qu'il se passa cette aventure étrange dont on a beaucoup parlé dans Paris.

Un soir, dans un hôtel du boulevard Malesherbes, cinq jeunes filles, trois étrangères et deux françaises s'étaient réunies en l'absence de leurs mères parties pour le bal. C'était un bal officiel dont les invitations avaient été trop limitées pour qu'on pût y conduire ces jeunes filles. Elles s'étaient promis d'ailleurs de s'amuser entre elles tout autant que chez le ministre.

Elles commencèrent par jouer du piano, par chanter, par valser.

Après ce premier épanouissement de gaieté, comme elles avaient encore beaucoup de temps, elles craignirent de s'ennuyer et se demandèrent comment elles pourraient bien s'amuser encore. Chacune d'elles donna plus ou moins son idée.

— Pas un seul homme ! c'est bien triste, dit la première.

— Un seul? dit la seconde, ce serait trop ou pas assez.

La troisième n'avait pas d'opinion. La quatrième osa parler du diable, et la cinquième dit gaiement :

— Si nous l'invitions à prendre le thé avec nous ?

Les jeunes filles, toutes chrétiennes qu'elles fussent, avaient leur grain de superstition. Certes toutes croyaient à Dieu, mais pas une d'elles ne croyait au diable. Elles pensaient que, depuis longtemps l'esprit de Dieu avait triomphé, et que, depuis le moyen-âge, monseigneur Satan a fait une fin plus ou moins édifiante.

— Cependant, dit la première, il ne faudrait pas trop s'y fier.

— Tu as raison, dit la seconde, si nous croyons à l'ange du mal comme à l'ange du bien, c'est que nous croyons au diable.

La troisième fit remarquer que l'Église catholique apostolique et romaine est fondée sur le culte des esprits. Elle a deux sentinelles à toutes ses portes, l'ange victorieux et l'ange tombé. Qu'est-ce que l'ange tombé, sinon un soldat de Satan, qui vous prend au sortir de la messe, pour vous précipiter dans l'abîme des passions. N'est-ce pas une des paroles de Saint-Augustin?

— Eh bien, reprit la cinquième jeune fille, puisque le diable existe, évoquons-le.

Celle-là, la plus décidée de toutes, la plus vaillante, la plus hardie, la plus folle dans ses emportements, c'était Mlle d'Armaillac.

Évoquer le diable, c'est bien facile à dire, mais encore faut-il savoir comment on l'évoque. L'une proposa de faire des cercles comme pour indiquer l'escalier en spirale de l'enfer. L'autre parla des tables tournantes.

— Pour moi, dit Jeanne d'Armaillac, je ne sais rien de la magie blanche, ni de la magie noire, mais je crois qu'il faut oser braver le diable, en lui disant : « Satan, si tu n'es pas un diable de théâtre, si tu n'es pas une image peinte sur du carton pour faire peur aux enfants, viens prendre le thé avec nous quand sonnera minuit. »

— Ce n'est pas moi, dit une des jeunes filles, Mlle Mina Thomson, qui oserais parler ainsi à l'esprit des ténèbres. Je crois d'ailleurs qu'il ne viendrait pas.

Mlle d'Armaillac se rappela qu'un spirite avait dit devant elle qu'il fallait faire des sacrifices au diable comme à Dieu pour se bien mettre dans ses papiers :

— Mesdemoiselles faisons toutes un sacrifice au diable.

La première ne se fit pas prier: elle avait reçu le même jour une lettre d'un cousin qui voulait cousiner avec elle; elle la prit dans son porte-monnaie et la jeta au feu.

— Une vraie flamme de l'enfer, dit Mlle d'Armaillac.

— Ah! c'est que la lettre était brûlante, dit la sacrificatrice.

— Par malheur, dit sa voisine, je n'ai pas de billet doux à brûler.

Elle ouvrit elle-même son porte-monnaie d'où elle tira un billet de vingt francs :

— Voilà tout ce que je puis jeter sur l'autel du sacrifice.

Elle jeta au feu le billet de vingt francs. Il ne

flamba pas comme le billet doux, mais il flamba
sans doute assez pour être agréable au diable.

La troisième jeta au feu une boucle de ses
cheveux blonds, une boucle rebelle, qui était un
véritable accroche-cœur pour tous les aspirants
à sa main et à sa dot.

— Voilà un sacrifice, s'écria Mlle d'Armaillac,
ce n'est pas moi qui me serais avisée d'une pareille chose. Songez donc, mademoiselle, que si
le diable vous tient par un cheveu, il vous tient
par tout le corps.

— Je n'ai pas peur, dit la jeune fille.

Mais elle était déjà tout effrayée.

La quatrième avait à la main un mouchoir à
passer dans le trou d'une aiguille; ce mouchoir
lui était précieux, non pas à cause des cinq louis
qu'il avait coûtés à sa mère, mais parce que, la
veille, pendant qu'elle valsait, son valseur y
avait appuyé ses lèvres.

Le mouchoir et la boucle de cheveux répandirent un doux parfum en brûlant ensemble.

— Eh bien, Satan ! tu dois être content, s'écria
Mlle d'Armaillac.

Cependant les fronts s'étaient assombris. On
avait beau vouloir rire encore du diable, on se

regardait sans rire ou avec un rire forcé, avec la vague inquiétude qui saisit l'âme à l'heure des événements.

— Mais vous, mademoiselle, dit une Américaine à Mlle d'Armaillac, vous n'avez rien encore sacrifié à l'esprit des ténèbres.

— C'est vrai, mademoiselle, mais j'ai beau chercher, je ne trouve pas :

La première a sacrifié l'amour ;

La seconde a sacrifié l'argent ;

La troisième a sacrifié la coquetterie ;

La quatrième a sacrifié le souvenir ;

Que voulez-vous que je fasse qui soit agréable à Satan ?

— Faites comme au moyen-âge, donnez-lui votre âme !

— Comme vous y allez, vous qui n'avez donné qu'un billet de vingt francs.

— C'était peut-être lui donner mon âme, car avec ce billet de vingt francs, je pouvais faire la charité et racheter un péché mortel.

Mlle d'Armaillac se leva et se pencha sur le feu pour y allumer son éventail, une queue de paon, une merveille qui avait caché les rougeurs et les pâleurs de sa grand'mère.

C'est surtout par bravade qu'elle fit ce sacrifice.

Ce fut un étrange et effroyable spectacle, car, tout en faisant des cercles de feu quand l'éventail fut allumé, Mlle d'Armaillac s'écria, dans l'emportement de la pythonisse antique :

— Satan, je te donne mon âme pendant un an et un jour !

II.

LE MARQUIS DE SATANAS.

Un silence de mort suivit cette impiété. Mlle d'Armaillac voulut éclater de rire comme pour effacer la crainte de son action; mais le rire fut étouffé avant d'arriver sur ses lèvres.

— N'avez-vous pas remarqué, dit l'Américaine, que la maison a tremblé.

— Ce que je remarque, dit Mlle Mina Thomson, c'est qu'il est minuit à la pendule.

Le timbre résonna une fois, deux fois, trois fois.

— C'est étrange, dit l'Américaine, la pendule est arrêtée.

Un quatrième coup partit, puis un cinquième, puis un sixième; mais si lentement et si doucement, qu'on croyait n'entendre que l'écho d'une sonnerie lointaine.

Enfin, le septième coup retentit; ce fut la seconde de l'effroi suprême, car les cinq jeunes filles entendirent distinctement une voix humaine ou extra-humaine qui dit à l'oreille de chacune d'elles : — *sept* — *huit* — *neuf* — *dix* — *onze*.

Ce fut à l'oreille de Mlle d'Armaillac que la voix fit résonner le mot *douze*.

— Avez-vous entendu, mesdemoiselles ?

— Oui, dit Mina Thomson, il m'a semblé que l'enfer ouvrait une bouche de feu sur mon oreille, pour me crier : *onze*.

— C'est tout comme moi, dirent les autres.

Les cinq jeunes filles avaient rapproché les fauteuils et les chaises de la cheminée, si bien qu'elles étaient toutes blotties devant le feu, frappées d'une terreur soudaine, quand le valet de chambre annonça, M. le comte de Cornouailles.

Les cinq jolies têtes se retournèrent ; aucune des jeunes filles ne connaissait le comte de Cornouailles.

— Il n'y a pas de comte de Cornouailles, dit Mlle d'Armaillac, qui savait par cœur son livre héraldique.

Le nouveau venu s'assura que le valet de chambre n'était plus là.

— Vous avez raison dit-il, en saluant Mlle Jeanne d'Armaillac, je n'ai pris ce titre que pour faire mon entrée, sans inquiéter vos gens.

— Qui êtes-vous ?

— Je m'appelle le marquis de Satanas.

Ce nom fit pâlir tout le monde.

— Encore un nom qui n'est pas dans le livre héraldique, dit Jeanne d'Armaillac.

— Et pourtant mademoiselle, dit le marquis en s'approchant, je suis de la plus ancienne noblesse. Il y a des gentilshommes qui datent du déluge, moi je date du paradis perdu.

Mlle d'Armaillac voulait rire, mais elle était blanche comme la mort. Elle ne trouva rien à répliquer.

Le marquis de Satanas reprit :

— Tout à l'heure, mademoiselle, vous m'avez évoqué. Je suis venu, que voulez-vous de moi ?

Les jeunes filles s'étaient levées ; elles ne riaient pas du tout, car elles ne doutaient pas que ce ne fût le diable. L'une d'elles s'évanouit, la seconde s'enfuit dans la chambre voisine, la troisième fit le signe de la croix et s'enveloppa sous les rideaux de la fenêtre, la quatrième tomba agenouillée ; seule Mlle d'Armaillac attendit le diable de pied ferme.

— Je n'ai pas peur de vous, M. le diable, dit-elle en forçant sa voix.

— Ni moi non plus, je n'ai pas peur de vous, dit le marquis de Satanas en lui prenant la main avec douceur ; mais, d'ailleurs, pourquoi me craindre? Je suis un bon diable : parlez, j'obéirai ; seulement n'oubliez pas que tous les jours à minuit, je serai maître de vous, de votre cœur, de votre âme ; je serai maître de votre destinée.

— Qu'est-ce que vous ferez de tout cela ?

— C'est mon secret. J'ai dit. Maintenant, mesdemoiselles qui vous cachez, revenez à vous, revenez à moi, nous allons prendre le thé ensemble. Il ne sera pas dit que vous m'aurez évoqué pour me mettre à la porte comme le premier venu ; n'oubliez pas que je suis le marquis de Satanas.

Il se pencha au-dessus de la jeune fille évanouie et lui fit respirer des sels.

Elle rouvrit les yeux et lui trouva si bonne figure, qu'elle lui permit de la soulever et de la mettre dans un fauteuil.

Après quoi, il dit à la jeune fille qui était tombée agenouillée.

— Debout ! mademoiselle.

Elle obéit toute inconsciente. Celle qui était sous les rideaux, revint d'elle même à la cheminée, par la volonté souveraine du diable. Mais il se donna la peine d'aller dans la chambre voisine chercher Mlle Mina Thomson.

— Quoi, lui dit-il, vous qui êtes la plus brave, c'est vous qui fuyez avec le plus d'épouvante.

La jeune fille revint presque souriante, ne voulant pas croire au diable, ne voyant en lui qu'un jeune homme qui avait écouté aux portes et qui voulait profiter de l'aventure.

— Vous ne me ferez jamais croire que vous êtes le diable, dit-elle en dévisageant le marquis de Satanas.

— Croyez ce qu'il vous plaira, que m'importe ! j'ai mis la main sur vous, parce que je prends mon bien où je le trouve.

III.

COMMENT CINQ JEUNES FILLES PRIRENT LE THÉ AVEC LE DIABLE.

LE diable sonna, le valet de chambre ouvrit la porte.

— Servez le thé, lui dit-il d'un ton de maitre.

Ce fut bientôt fait.

Les jeunes filles se regardaient entre elles en se demandant si tout cela était sérieux. Sur un signe du diable elles se mirent à table, mais ce fut à peine si elles trempèrent leurs lèvres dans les jolies tasses japonaises de Mme Thomson ; elles se donnaient toutes des coups de coudes et des coups de genoux, n'osant se confier tout haut leurs impressions.

Le diable se mit à leur conter des contes de

l'autre monde pour les égayer, mais elles ne riaient pas du tout, Mina Thomson pourtant essayait un sourire railleur. Le diable s'était placé entre elle et Jeanne d'Armaillac.

— Vous êtes de la maison, demanda celle-ci au diable, ne voulant toujours pas croire que tout cela fut sérieux.

— Je suis de toutes les maisons, si ce sont de bonnes maisons.

Le marquis de Satanas servit le thé avec une grâce féminine.

Les jeunes filles le regardaient à la dérobée.

— Voyez donc, dit l'Espagnole à la Russe, comme ses yeux jettent des éclairs ?

Le marquis de Satanas avait entendu.

— C'est que je suis un peu de votre pays, mademoiselle. J'ai longtemps habité l'Espagne où je m'appelais don Juan de Satanas.

Mlle d'Armaillac fit des compliments au marquis en cachant son émotion.

— Don Juan de Satanas! je voudrais que mon mari portât ce beau nom.

— Eh bien! mademoiselle, je suis votre homme.

— Oui, mais je ne suis pas votre femme.

Le marquis avait trempé sa lèvre dans sa fine tasse de Japon.

— Le thé est exquis dans cette maison, j'y reviendrai, dit-il en s'inclinant vers M<sup>lle</sup> Thomson.

— Eh bien ! monseigneur le diable, allez vous en, dit la jeune fille ; maintenant que nous avons pris le thé avec vous, il faut vous donner ce plaisir à d'autres, car ma mère va rentrer, et elle nous gronderait fort si elle nous trouvait en compagnie d'un jeune homme aussi distingué.

— Rassurez-vous, mademoiselle, votre mère ne me verra pas. Je ne suis visible que pour vous qui m'avez évoqué ; aussi tous les jours à minuit quand je viendrai à vous, vous seule me verrez.

Le marquis de Satanas montra une petite pierre plus ou moins infernale : l'Héliotrope.

— Voilà une pierre précieuse qui me cache à tous les yeux.

— C'est égal, reprit Mina Thomson, je ne serai contente que quand vous serez parti.

— J'obéis, dit le diable en se levant, d'autant mieux que je suis attendu par une femme de la plus haute vertu, à qui je donne tous les jours une consultation après minuit.

Le diable se leva, baisa la main de Jeanne d'Armaillac et disparut par la porte comme un simple mortel.

— Le voilà qui a pris sa paire de pattes! dit Mlle d'Armaillac en regardant la porte se refermer.

C'était dans le plus pur style des duchesses.

— C'est une plaisanterie qui dépasse les bornes, dit l'espagnole. Qu'est-ce donc que ce jeune homme ?

Toutes répondirent qu'elles n'avaient jamais vu ce marquis de Satanas, qui était arrivé si à propos après l'évocation.

— Ma foi, dit Mlle Thomson, j'ai beau rire, je me sens toute troublée; voyez-vous, mesdemoiselles, il ne faut jamais jouer avec le feu, surtout quand c'est le feu de l'enfer.

Les cinq amies s'efforcèrent toutes de se prouver que, si ce n'était pas une vision, elles avaient reçu visite d'un jeune homme qui s'était trompé de porte et qui avait écouté aux portes.

IV.

QU'IL NE FAUT PAS JOUER AVEC L'ENFER.

On se promit de ne rien dire; le lendemain, quatre des jeunes filles ne pensèrent plus à cette apparition que pour en rire.

Mais, la cinquième Mlle d'Armaillac, qui avait eu la fièvre toute la nuit, se sentit prise corps et âme par le souvenir de cette apparition.

Elle accompagna le soir sa mère dans le monde. Quand sonna minuit, elle ne fut pas peu surprise de reconnaître le marquis de Satanas qui la prit pour valser, bien qu'elle eût promis à un autre.

— C'est vous? lui dit-elle.
— N'est-il pas minuit?

La frayeur avait glacé la jeune fille.

— Grâce! grâce!

Et elle voulait se détacher des bras du valseur, mais plus elle voulait se détacher, plus il l'enlaçait et la rapprochait de lui.

Ce qu'il y eut de plus d'étrange, c'est qu'il l'entrainait avec tant de passion, qu'elle éprouvait au milieu de ses terreurs, je ne sais quelle volupté sauvage, inconnue, pénétrante.

— Comme tu es pâle, lui dit sa mère, après la valse.

— O maman, si tu savais!

La mère voulut savoir, mais la fille se tut.

Le surlendemain Jeanne d'Armaillac demeura à la maison et se coucha de bonne heure, mais à minuit elle se réveilla et vit le marquis de Satanas qui la regardait dormir d'un œil amoureux.

— Encore vous! dit-elle, en se jetant de l'autre côté du lit.

— Toujours moi! répondit-il avec douceur, ne vous ai-je pas dit, que vous seriez à moi toutes les nuits pendant que sonnerait la douzième heure.

Minuit sonna.

— Comme c'est long ! dit la jeune fille, de plus en plus épouvantée.

Avant que sonnât la douzième heure, le diable eut le temps de l'appuyer sur son cœur et de l'embrasser.

— C'est étrange, dit-elle en pâlissant, il me semble que je suis ivre.

Heureusement pour elle que le diable était parti.

Et toutes les nuits suivantes, elle fut atteinte du baiser du diable, quel que fût le lieu où elle était, au théâtre, au bal, au concert ou chez elle. Le marquis de Satanas arrivait sans se faire attendre jamais.

Elle avait beau s'en défendre, il lui fallait subir l'étreinte de ses bras de flammes et le baiser de ses lèvres de feu.

Elle tressaillait, elle pâlissait, il lui arrivait de crier et de s'évanouir ; ce qui faisait dire à sa mère :

— Je suis désespérée, ma fille à des quarts d'heure de folie.

-Ces quarts d'heure ne duraient que douze secondes, mais c'était douze siècles pour Jeanne d'Armaillac. Nul ne devinait la cause de ces pâleurs subites et de ces évanouissements, hormis les quatre jeunes filles qui avaient évoqué le diable avec elle.

Jeanne s'étonnait que sa mère ne vit pas le marquis de Satanas, quand à minuit il apparaissait pour l'embrasser. Mais elle se rappelait qu'il lui avait montré la pierre précieuse — l'héliotrope — qui rend invisible.

Les quatre amies commençaient à croire à quelque chose de sérieux.

Elles ne confièrent pas trop le secret; mais elles parlaient du diable avec un air mystérieux. Quelques spirites de leurs amis qui étaient tombés dans la folie des tables tournantes, ne manquèrent pas de dire que le diable faisait des siennes dans Paris.

Mina Thomson, la seule confidente de Jeanne d'Armaillac, disait tout bas :

— Elle finira mal.

Or, ceci se passait dans l'hiver de 1873.

V.

LA DESCENTE DE L'OPÉRA.

Vers le même temps ce fut une autre histoire :

C'était à la descente de l'Opéra. Les femmes ne cachaient pas leurs diamants — ni leurs sourires — ni leurs œillades. Elles avaient toutes joué plus ou moins leur petite comédie dans la salle, mais elles disaient le mot de la fin sur l'escalier.

Celle-ci disait adieu à son amant par un clignement d'œil par-dessus l'épaule de son mari. Celle-là injuriait sa rivale par un regard hautain.

Un peu plus haut, une duchesse de Sainte-Clotilde portait sa vertu sur son front comme elle eût porté le Saint-Sacrement.

La comtesse blonde et rose, surnommée la Rosière de Salency, priait son cousin, le lieutenant de hussards, de sauvegarder ses jupes. On n'avait encore marché que trois fois sur la queue de sa robe. Et c'était son cousin !

On ne saurait songer à tout. Le lieutenant de hussards n'était préoccupé que d'une demoiselle à la mode qui était venue à l'amphithéâtre, dissimulant sa jalousie tapageuse et ses charmes robustes dans une robe feuille-morte.

Une jolie folle à très-hauts talons disait avec son impertinence accoutumée à un musicien tout effaré qui cherchait un accord de septième ciel :

— Pardon, monsieur, dérangez un peu votre nez pour que je voie les diamans de madame de Païva.

Le musicien dérangea son nez. C'était un maître nez qui se profilait comme un monument.

Par malheur, en se tournant de l'autre côté, il empêcha une autre curieuse de voir les perles de madame Musard.

A cet instant, un gentilhomme distrait marcha sur la traîne d'une princesse trop décolletée.

— Fichu imbécile ! dit la princesse.

— Oh! madame, dit le gentilhomme distrait, voilà un fichu qui serait bien mieux placé sur vos seins que dans votre bouche.

— Ah! ah! dit quelqu'un, saluez, mesdames, voilà les rois détrônés qui passent.

Je vis deux rois d'Espagne, trois rois d'Italie, quatre rois d'Allemagne et je ne sais combien de princes français qui ont à cette heure leur part de royauté à peu près comme nous avons notre part du ciel.

— Voyez donc, dit la duchesse en montrant le duc d'Aumale, n'est-ce pas qu'il ferait un beau roi de France s'il ne mettait pas un peu de vin rouge dans notre vin blanc?

— Rien n'est bon comme le rouge, dit Carolus Duran.

— Ce vin rouge là, c'est du vin bleu, dit une femme de l'ancien régime, une vraie femme à barbe.

— Parlez-moi du duc de Nemours, dit une de ses amies, voilà le véritable Henri V, puisqu'il ressemble à Henri IV.

On se demanda alors si un beau monsieur qui marchait avec les princes, de pair à compagnon, n'était pas aussi un roi détrôné.

C'était un jeune homme d'une très-haute distinction, blond hasardé, tournure cavalière. Il était habillé avec beaucoup de style et décoré de tous les ordres à la mode. Il avait dîné chez un ministre, il devait souper chez une comédienne.

Je descendais l'escalier vivant, saluant de ci de là, cherchant des yeux la figure d'un de mes quatre amis.

Quatre amis, pas un de plus, mais pas un de moins.

Par malheur, aucun des quatre n'était ce soir-là à l'Opéra, quoiqu'on eût donné *Don Juan*. Mais c'était la cage dorée sans le rossignol.

Le jeune homme blond se tourna vers moi et me dit avec un sourire tout à la fois sympathique et railleur :

— Vous cherchez vos amis? Le premier fume devant Tortoni; le second dore ses chaînes de fer; le troisième se couche pour lire Montaigne.

Et comme je regardais silencieusement cet étrange reporter, il reprit la parole :

— Ah! pardon, dit-il, je n'ai pas eu l'honneur de vous être présenté ; mais nous nous connaissons de vieille date. Et puis voilà tout à propos Mlle Marie Colombier qui sera notre trait-d'union.

Quoique je n'aime pas à faire amitié à brûle pourpoint, je me soumis à la rencontre. Mlle Colombier me présenta son ami en me disant :

— Ci-joint M. de Satanas, noble étranger, dont je ne sais pas le pays, tant il a voyagé. Il a beaucoup d'esprit et beaucoup d'argent. Il vient souper chez moi; vous êtes condamné à venir souper avec lui.

Pendant que Mlle Marie Colombier parlait, je m'aperçus que le noble étranger levait la main sur une femme qui passait, comme pour la bénir ou comme pour la saluer.

Ce n'était ni une bénédiction ni un salut.

Je fus quelque peu surpris de voir l'index de M. de Satanas s'allumer d'une vive couleur, comme un charbon ardent.

— Que faites-vous là? lui demanda la comédienne.

— Oh! c'est une vieille habitude. J'ai appris l'hébreu dans mes voyages, et j'écris la bonne aventure en hébreu sur le front de ces dames pour continuer à me faire la main.

Il nous salua, appelé qu'il était par un signe respectueux de son valet de pied. Le coupé de monseigneur attendait sous le péristyle.

Quand il se fut éloigné, je dis à M{}^{lle} Colombier qu'elle m'avait présenté un singulier personnage.

— Prenez garde, vous avez peut-être accueilli un de ces princes étrangers qui n'ont de principauté que le pavé de Paris.

— N'ayez peur, j'ai vu son passeport : il est commandeur de Malte, grand d'Espagne, duc de je ne sais plus quoi : mais il voyage incognito sous le nom de M. de Satanas.

— M. de Satanas ! un nom diabolique.

— Je vous avais bien dit qu'il était de bonne lignée ! Allons souper.

VI.

UN SOUPER DIABOLIQUE.

Le marquis de Satanas ne se fit pas trop attendre. Il entra dans le salon de la comédienne en baron sur ses terres; il parla à tout le monde comme un ami qui revient de voyage et non comme un étranger qui ne connait personne.

Le hasard nous mit presque à côté l'un de l'autre au souper. Nous n'étions séparés que par une comédienne diaphane.

Ce petit festin fut très gai.

L'esprit pétilla sur la nappe comme le vin de Champagne.

M. de Satanas, qui avait fait le tour du monde,

parla comme un homme qui aurait fait le tour des mondes.

Il savait tout. Il évoquait les figures du passé, depuis la plus haute antiquité, comme s'il eût vécu avec les grands hommes de tous les temps. Sa parole était lumineuse et sonore. Quel que fût le point d'interrogation, il répondait soudainement. On l'eût trouvé charmant, s'il n'eût montré çà et là je ne sais quelle bienveillance dédaigneuse pour les convives.

Naturellement, on parla théâtre. Il ne laissa debout sur leur piédestal de poëte comique que Aristophane, Molière et Beaumarchais.

Selon lui, tous les autres n'étaient que des hommes de lettres, la pire espèce d'hommes, puisqu'ils ne vivent pas et ne parlent pas selon leur cœur, mais selon les livres qu'ils ont lus.

— Par exemple, s'écria-t-il, j'en connais un qui a commencé comme un maître, mais qui finit comme un écolier, parce qu'il a eu le malheur d'ouvrir un livre au lieu de continuer à lire dans le livre du monde.

On parla surtout des femmes. Le marquis prouva que sur ce point, comme sur tous les autres, nul ne pourrait lui en remontrer.

Il y avait là trois comédiennes qui avaient bec et ongles pour se défendre. La causerie monta à un diapason surhumain. Tout le monde s'étonnait d'avoir tant d'esprit. Il semblait qu'on fût dans une atmosphère inconnue jusque-là, toute illuminée de feux électriques.

Mlle Colombier s'écria tout-à-coup :

— On brûle ici ! Ne trouvez-vous pas que nous respirons du feu ?

— Qui sait? dit M. de Satanas. On a peut-être ouvert sur nous une porte de l'enfer.

A la fin du souper, comme on se levait pour partir, il m'offrit une place dans son coupé.

Dès que nous eûmes pris chacun notre coin, il se mit aux lèvres un cigare qui s'alluma tout seul.

— J'oubliais de vous en offrir un, me dit-il.

Il prit un londrès dans son porte-cigares et me le présenta tout allumé sans même l'avoir touché au sien.

Je ne voulais pas qu'il me fît poser plus longtemps.

— Mon cher ami, lui dis-je, je vous remercie d'être venu à ma rencontre. Nous étions de vieilles connaissances, mais je ne vous voyais que de loin.

— Sérieusement, vous me connaissiez?

— Beaucoup. N'êtes-vous pas le diable?

Le marquis se mit à rire.

— Chut! je voyage incognito.

— Que venez-vous faire à Paris?

— Comme tous les rois détrônés, je viens me distraire.

— Vous êtes donc un roi détrôné?

— Ne le savez-vous pas? On a jugé que je n'avais plus rien à faire; que dis-je? on a dit que j'avais trop travaillé. Aujourd'hui que l'impulsion est donnée, le mal va tout seul. On a voulu faire l'économie de ma liste civile. On m'a mis à pied; que dis-je? on m'a proscrit. Heureusement que j'avais fait passer quelques millions dans les pays étrangers. J'ai un crédit illimité chez M. de Rothschild. Le Juif Errant avait cinq sous dans sa poche. Pour moi, j'ai toujours vingt-cinq louis. J'ai jugé que j'étais au diapason de vos vertus et de vos consciences.

— Tout beau! lui dis-je, il y a encore des Français et des Françaises en France.

— Oh! si peu!

Je le pris de haut pour défendre mes contemporains — et mes contemporaines.

Le diable eut un éclat de rire tout à fait infernal.

— Votre Majesté, lui dis-je, ne connait que les consciences des ambitieux et les vertus des demi-mondaines.

— Vous parlez de conscience et de vertu?

Le diable eut un sourire furieusement railleur.

— Mon cher ami, reprit-il, Dieu ne m'a donné ni la grandeur, ni la dignité, ni l'enthousiasme, ni aucune des grâces du ciel, mais il m'a donné des yeux de lynx et des oreilles de loup. Je sais voir et je sais entendre. La vie est un bal où tout le monde porte un masque et un domino pour cacher sa conscience et son cœur. Voulez-vous que nous nous amusions, puisque nous n'avons rien à faire, à dénouer les masques et à entr'ouvrir les dominos?

— Oui, lui dis-je, ce sera une nouvelle descente aux enfers.

Nous arrivions à ma porte.

— Sérieusement, dis-je au marquis de Satanas, comment vous nommez-vous?

— Le diable, vous l'avez dit. Voici ma carte :

LE MARQUIS DE SATANAS
DUC D'ANTAS

24, Avenue de l'Impératrice.

Je lus cette carte devant la lanterne du coupé :

— On ne s'appelle pas Satanas, même en Espagne, dis-je au marquis. Et puis vous savez bien que je ne crois pas au diable.

— Ne faites donc pas l'esprit fort. Croyez-vous que je sois le premier diable qui vienne à Paris? Dieu merci, c'est notre seconde patrie. Chacun de nous vient s'y faire la main avec les femmes. Il n'y a pas de bonne éducation pour quiconque n'y a pas pris son quartier d'hiver. Seulement, nous nous gardons bien de dire qui nous sommes. Les diables ne sont pas si noirs qu'on veut bien le dire. Nous avons toujours suivi rigoureusement la mode; bien plus, nous l'avons devancée. Nous avons donné le ton : le bon ton n'est-ce pas le mauvais ton?

Mais, que dis-je! voilà que je parle une langue démodée : j'ai voulu dire le « chic. » Sachez-le bien, mon cher ami, dans tous les temps vous avez eu quelque diable égaré dans le meilleur monde de Paris pour donner l'exemple.

— C'est bien inutile, dis-je au marquis, nous pourrions en remontrer au diable.

— Parce que nous sommes toujours là, reprit ce diable d'homme ou cet homme du diable. A demain! n'oubliez pas de venir souper avec moi.

— A quelle heure Votre Majesté soupe-t-elle?

— A minuit!

— Et où souperons-nous? dans l'enfer?

— Rassurez-vous : dans l'enfer — de Paris.

— Adieu! ou plutôt : au diable!

VII.

UNE LETTRE A JETER AU FEU.

Le lendemain, je reçus cette lettre qui vaut bien la peine d'être lue :

« Soyons amis, mais ne me demandez pas qui
« je suis, homme ou diable c'est tout un.
« Dieu m'a condamné pour mes péchés à vivre
« par curiosité.
« Et voilà pourquoi on m'a exilé de l'enfer
« traditionnel pour l'enfer de Paris.
« Je n'ai pas appelé de la sentence.
« Dieu, qui ne veut pas la mort du pécheur,
« parce que la mort est un repos ou une trêve,
« m'a donné une très-bonne stalle à la comédie
« infernale de la ville incomparable.

« Pour moi, il n'y a point de masques. Il n'y
« a même pas de jeu d'éventail.

« Je lis dans tous les cœurs et je m'amuse de
« la bêtise des amoureux qui ne savent pas lire.
« Je voudrais bien çà et là leur souffler leur
« rôle, mais je suis condamné au silence.

« Comme le spectateur qui connait le jeu des
« passions, je vois la fin dans le commencement.
« Et je juge le drame ou la comédie sans applau-
« dir et sans siffler.

« Aujourd'hui que je n'ai rien à faire et que
« je vis de temps perdu, je vais vous dicter des
« romans.

« Que dis-je, des romans ! de vraies histoires,
« des histoires vraies.

« C'est que je vois se dérouler sous mes yeux,
« tour à tour gai et tragique, l'éclat de rire
« sur le grand air du désespoir.

» Plus j'étudie la vie à Paris et plus je recon-
« nais que Dieu, qui porte dans ses deux mains
« le bien et le mal, condamne l'homme à passer
« par le mal pour arriver au bien.

« Madeleine n'est-elle pas le symbole de cette
« théorie — diabolique — exprimée par Méphis-
« trophélès.

« Donc, si vous voulez, je vais commencer à
« vous conter les étranges et dramatiques his-
« toires des *Mille et une nuits parisiennes.*

« Mon cousin, le diable boiteux, soulevait le
« toit de maisons pour dénicher les secrets. J'ai
« tout simplifié. Je suis devenu un Parisien
« sans peur, sinon sans reproches. Je suis de
« toutes les fêtes, aussi bien chez la princesse
« que chez la comédienne. Je vais bras dessus
« bras dessous avec les gentlemen du sport, les
« gentilshommes du bois, les dilettantes du
« théâtre, les beaux joueurs des clubs et les
« victimes de Mlle Fleur-du-Mal.

« Je me suis fait présenter partout — ici et là
« — et plus loin. J'ai toujours vingt-cinq louis
« dans ma poche. Mlle d'Ostende ou de Marennes
« dit que c'est peu. Je lui réponds que c'est
» trop.

« Que n'achèterait-on pas, même avec cinq
« louis ?

« Mais passons. Si vous le permettez, après
« chaque histoire, nous causerons un peu. C'est
« moi qui vous signerai la moralité — en bon
« diable.

Marquis de Satanas.

« *P.-S.* — N'oubliez pas que je vous attends
« pour souper. »

En lisant cette lettre, j'accusai le diable d'un peu de pédantisme; mais j'avais beau vouloir briser là dans cette mauvaise connaissance, je fus entraîné malgré moi.

— Eh bien, *alea jacta est,* dis-je en jetant mon chapeau en l'air. Je franchirai le Rubicon de l'enfer et j'irai souper avec le diable.

VIII.

LA DESCENTE AUX ENFERS.

J'ALLAI frapper à minuit sonnant à la porte du marquis de Satanas — à la porte d'un joli hôtel de l'avenue de l'Impératrice — tout à côté de la princesse ***.

Un nègre toujours en sentinelle me conduisit vers Sa Majesté infernale.

— Mon cher diable, lui dis-je, me voilà avec un appétit d'enfer.

— Mon cher philosophe, me dit le diable, nous ne souperons pas aujourd'hui en tête à tête; quelques filles à la mode m'ont donné rendez-vous au café Anglais. Ce sera un repas pour votre esprit, car c'est à qui dira le plus de bêtises parmi elles. Mais l'heure du souper n'a pas sonné encore, nous allons, si vous voulez, traverser un peu les enfers de Paris.

— Croyez-vous que Paris nocturne vaille Paris au soleil.

— Vous avez raison, la vertu ne fait plus prime, il n'y a pas un homme qui ne soit fier de montrer un vice nouveau-né.

Le marquis de Satanas me rappela la descente aux enfers du Dante; mais qu'était-ce que l'enfer du Dante, l'enfer des punitions, tandis que Paris est l'enfer des damnations.

Avec le Dante, on s'enfonce dans la nuit sombre des supplices, mais ce ne sont que des fantômes qui pleurent. Tandis qu'à Paris, c'est l'enfer des vivants; on crie et on pleure; mais ce sont les cris et les larmes de la passion.

On se précipite les yeux fermés à travers l'amour qui trahit, à travers l'amour qui se vend, à travers l'amour qui tue.

On subit de gaieté de cœur, parce qu'il faut que les lèvres rient, toutes les haines, toutes les colères, toutes les vengeances, toutes les hontes; on part de la désolation, pour arriver à la désolation. On renie sa sœur, on renie sa femme, on renie sa fille, à moins qu'on ne veuille vivre de la profanation et de l'adultère.

Le Caccianimico du Dante vendait sa sœur, la belle Ghisola; combien qui vendent leur femme et leur fille, sans que le démon les frappe en leur criant : « Marche, rufien ! il n'y a pas ici de femme à vendre. »

La destinée raille tout le monde; il en est plus d'un qui porte la croix pour avoir trahi sa patrie ou pour avoir trahi son ami; celui-ci jette son blason dans les ténèbres de la banque; celui-là prend un pseudonyme pour les ténèbres du journalisme.

Cette femme qui sort pour faire la charité ne rentrera pas sans avoir prostitué la mère de ses enfants; celle-là, prise de l'horrible soif de l'or, se vend de par le mariage à une octogénaire, pour acheter bientôt les vingt ans d'un oisif; ces belles affolées qui vont aux bois dans des poses si nonchalamment voluptueuses et insouciantes, méditent la ruine des familles, mais ce n'est point assez pour elles de prendre l'or à pleines mains; elles prendront aussi le cœur pour le jeter sous les pieds de leurs chevaux; elles prendront ausi l'âme pour y faire la nuit du repentir.

Changeons de monde : voici celles qui vont à l'église, mais Dieu les réprouve, parce qu'elles n'entrent chez lui que pour en sortir dans le cortége des sept péchés capitaux; oui, celle-ci prie Dieu, mais la prière n'a pas incliné son orgueil; celle-là s'est agenouillée sur le marbre, mais la luxure la brûle toujours. Cette marquise envie cette duchesse ; cette duchesse est gourmande par les lèvres comme par l'âme : elle voudrait déjeuner de toute la part des pauvres. Cette bourgeoise à sa bourse pleine d'or mais elle n'ouvre jamais sa bourse. Cette vertu rechignée s'indigne jusqu'à la colère contre toutes les femmes qui sont belles, elle bat ses enfants pour les remettre dans le bon chemin, elle se bat elle-même pour donner raison à ses fureurs. Cette mère de famille qui a tout un monde autour d'elle, s'endort sur des roses sans songer au lit de paille de ses enfants. Et combien d'autres péchés mortels depuis que l'église en a symbolisé sept ? Qu'est-ce donc que le mensonge ? qu'est-ce donc que la trahison ? qu'est-ce donc que la calomnie ? A celui qui a dit que la femme était la quatrième vertu théologale, on pourrait répondre : c'est le huitième péché mortel? Mais qu'est-ce que tous ces péchés. Nous sommes dans l'enfer rose, descendons les spirales du crime. Voici le coin des voleurs : tout le monde vole; ne prenez pas garde à la balance du marchand, mais prenez garde à sa conscience. Tout est frelaté, chez le marchand de plaisir public, comme chez le marchand de denrées coloniales, où il n'y a rien des colonies. Voyez cet épicier qui descend dans sa cave quand il a fermé sa boutique : je vous jure que ce n'est pas pour lire l'Évangile, ni pour conspirer contre le Gouvernement : Il va faire du vin et du café où il n'y aura ni vin, ni café; mais rassurez-vous, il a été volé lui-même aujourd'hui par un homme de bourse, lequel sera volé par sa maîtresse, qui sera volée par son amant de cœur, sans parler de sa cuisinière.

Remontons d'un degré. Ici on se marie; c'est un jeune sceptique qui cache ses dettes, mais il est attrapé par son beau-père qui fera faillite demain ou qui se remariera après demain.

Qui vous arrête au bord du quai? C'est cette malheureuse qui jette son enfant à l'eau? Ne la condamnez pas. C'est l'affolement de l'amour. Elle va jusqu'au crime, parce qu'il lui reste un dernier voile d'innocence. Où est le coupable? Il soupe gaiement à la Maison d'or. Jason avait abandonné la belle Hipsipyle à son cocher. Dante l'a condamné à fuir le fouet sanglant de gouffre en gouffre. A Paris Jason serait couronné de roses.

Vous avez beau détourner les yeux, c'est toujours le même spectacle, à moins que ce ne soit le spectacle du meurtre et de l'assassinat, mais ne descendons pas encore dans cet enfer rouge. Nous trouverions trop tôt le *Ciacco* du Dante, la sombre folie de marquis de Sade, les fureurs luxurieuses des Néron au petit pied, le poison mystérieux des Médicis de contrebande et toutes les orgies du sang.

Dante est un sombre et profond génie, qui fait la lumière sur les passions avec les torches de l'enfer et les horizons du paradis, mais n'a-t-il pas dépassé la mesure en flagellant, par le fouet des flammes vives, tant de rebelles et tant de pécheurs qui seraient si bien reçus dans le meilleur monde de Paris. Croyez-vous que Francesca de Rimini n'est pas un peu rudement punie pour ces deux baisers, qui étaient à peine la préface de l'adultère. Dante a été terrible au pauvre monde : il a soulevé la tourmente pour briser les luxurieux contre les roches inaccessibles ; il a acharné, comme dans la bataille du désespoir, les prodigues contre les avares; il a souillé les gourmands dans l'éternel bain de fange et les colériques dans l'éternel bain de vase bouillante, comme les tyrans dans l'éternel bain de sang, comme les justiciers dans l'éternel bain de bitume embrasé; il a donné le lit de flammes aux hérésiarques, la chape de plomb aux hypocrites. la pluie de braises aux lesbiennes; il a métamorphosé en buisson douloureux, les suicidés; en reptiles, les fourbes; il a vêtu Ulysse d'une robe de feu; il a ouvert le ventre de Mahomet; il a couvert la femme de Putiphar du manteau purulent. Dante a imposé toutes les tortures, ne trouvant jamais que le torturé eût assez souffert.

Il s'est complu dans toutes les horreurs qui brûlent et qui dévorent, pour arriver aux horreurs du froid qui fait tomber les membres en lambeaux. Là on meurt sans mourir. Aux prisonniers de la glace, les douleurs sans nombre : c'est le silence de la tombe et ce n'est pas la mort! on n'a pas, dans l'enfer du froid, la consolation de remuer ni de se plaindre ; nul ne parle, nul n'entend. C'est là que Satan à trois têtes pleure par six yeux, quand chacune de ses bouches broie entre ses dents un illustre pécheur, un Judas, toujours dévoré, qui n'achève jamais de mourir.

Je comprends le supplice de Judas, qui a trahi Dieu, qui a trahi son miatre, qui a trahi son ami, mais pourquoi le même supplice pour Brutus ? Trahissait-il donc sa patrie en frappant César ?

Dante est terrible au nom du dieu vengeur ; il ne connaît pas le dieu de miséricorde. Que dirait-il, aujourd'hui, dans l'enfer de Paris, où toutes les trahisons, toutes les hypocrisies, toutes les luxuriances, toutes les fourberies, mènent la vie à quatre chevaux, le front sans nuage, l'œil limpide, la bouche souriante. Et pourtant, toutes ces figures qui rayonnent dans l'orgueil et dans le plaisir, ont déjà leur âme dans les abîmes de Satan, tandis que leur corps reste debout sur la terre.

Après un rapide coup d'œil sur les mystères du Paris nocturne, nous allâmes souper au café anglais avec des filles de théâtre, entre autres Mlle Rosa-la-Rose, qui se croyait spirituelle parce qu'elle était bruyante ; Mlle Olympe, qui se croyait belle parce qu'elle était habillée par

Worth ; Mlle Maria, qui se croyait jeune parce qu'elle était émaillée à l'arsenic; Mlle Adèle, qui se croyait irrésistible parce qu'elle était surnommée Fleur-du-Mal.

— Celle-là est votre cousine, dis-je au diable.

— Mon arrière-cousine. Elle travaille gentiment. Elle a déjà ruiné trois imbéciles. Un idiot s'est battu hier pour elle, un autre se tuera demain. Il faut être de ses amis.

Le souper fut champagneux sans être gai. Mlle Rosa fit cette trouvaille que décidément le vin de Champagne porte à la champenoiserie, puisque tout le monde était bête ce soir-là.

— Pas si bête ! dit le diable.

On parla de l'amour, un petit dieu démodé qui s'est réfugié à l'Opéra-Comique. Le diable décréta qu'il fallait l'envoyer en province.

— Non, non, dit Fleur du mal. J'en ai fait mon groum. C'est lui qui porte mes lettres. Je lui ferai porter la queue de ma robe.

— Moi, dit Mlle Maria, je crois encore à l'amour, la preuve c'est que si mon amant montrait son nez à la porte, je vous planterais tous là.

— Allons donc ! dit le marquis de Satanas. Tu aimes ton amant ?

— A la folie. Je me jetterais au feu pour lui.

Le diable prit ses vingt-cinq louis légendaires et les jeta à Mlle Maria.

C'était cinq belles pièces de cent francs, toutes vierges encore.

— Vous m'en direz tant! dit Maria avec la joie sur la figure.

Les quatre autres demoiselles avancèrent la main.

— Il y en a pour tout le monde, s'écria Rosa.

— Voyez, me dit le diable, les voilà prises toutes les cinq avec cinq pièces de cent francs. Ce sont pourtant des soupeuses de haute lignée, ayant des carrosses qui les attendent.

— Oh! s'écria Fleur-du-Mal, si je prends ma part c'est pour le principe. Qu'est-ce que cinq louis!

Le diable la regarda en face et l'entraîna vers la porte.

— Et toi, aimes-tu ton amant, cet ancien perruquier qui joue maintenant les jeunes premiers à Montmartre par ta protection?

— Qui t'a dit cela?

— Je sais tout.

— Eh bien! tu sais si je l'aime.

Le marquis de Satanas prit la main de la dame.

— Je parie que tu lui fermeras la porte ce soir si je daigne t'offrir ma main ?

— Pardieu ! tu as de l'or plein les mains.

Le diable enleva Fleur-du-Mal.

— Mais, lui dit-il, ton amant va en pâlir de chagrin.

— Il en mourra s'il veut, dit Fleur-du-Mal en baisant sur la joue — la pièce de cent francs.

IX.

UNE MAUVAISE CONNAISSANCE.

Je me trouvai à la tête de trois femmes.
— C'est un homme bien distingué, dit Mlle Rosa-la-Rose, quand le marquis de Satanas fut parti avec Fleur-du-Mal.

— Oui, dit Mlle Maria, un homme qui jette ainsi cinq cents francs sans demander la monnaie de sa pièce.

Pour ces dames, la monnaie de la pièce, c'est la femme.

J'aurais pu prendre haut la main « la monnaie de la pièce », mais je ne voulais pas emprunter au diable, ni prendre la part du diable. Et puis c'était trop la part de tout le monde! Je m'en revins chez moi en songeant à toutes mes mauvaises connaissances, à commencer par le marquis de Satanas.

Quel que fût le personnage, diable de l'ancien régime ou démon du monde nouveau, je n'avais pas peur de lui. J'éprouvai même quelque plaisir à braver son influence, à faire le superbe devant lui, à rire plus haut qu'il ne faisait de la sagesse humaine. Il m'accordait un privilége inouï, celui de la seconde vue. Puisque je voyais par ses yeux comme par les miens, désormais il n'y aurait plus de secrets pour moi. Je parcourrais les deux lignes parallèles que suit le cœur humain, je devinerais l'énigme de la vérité comme l'énigme du mensonge : qui donc a jamais été à une pareille comédie? La vie est un bal masqué, où il n'y aurait plus de masque pour moi.

Depuis que le diable a donné sa démission, depuis qu'il est remonté des enfers, il se promène peut-être parmi nous comme un galant homme retiré des affaires, mais il n'est plus le diable pour deux sous. Les sorcières ne font plus leur sabbat, les devins n'ouvrent plus leur boutique et les alchimistes ne font plus d'or. Faust a été la dernière incarnation de Satan.

Si, depuis la Renaissance, il a encore tenté quelques aventures sur la terre, les filles ne s'y laissaient plus prendre, parce qu'il était trop bon diable.

Et pourtant on a beau faire la lumière sur les évocations démoniaques, l'esprit mystérieux est resté dans le cœur humain, parce qu'on n'a pas si aisément raison de Dieu que du diable. On a pu frapper l'esprit qui détruit, on n'a pu atteindre l'esprit qui crée. Tout en niant bien haut les miracles, quel est l'athée qui ose braver Dieu, quand la nuit tombe sur lui. Le duc d'Orléans, qui ne croyait à rien, croyait au diable : il était visionnaire comme Turenne, qui vivait en Dieu. Tout ce qui est dans la pensée humaine existe ou a existé. Celui qui imagine se souvient ; voilà pourquoi il ne faut nier aucun Dieu : tous sont des représentants de l'Infini, ce Dieu des dieux. Puisque le mal existe, il ne faut pas nier non plus les démons. Où sont-ils? Partout, comme les dieux eux-mêmes. Pourquoi ne s'incarneraient-ils pas dans les figures visibles pour jouer leur jeu? Qui vous dit qu'il n'y a pas des diables tout autour de vous, comme il y a des dieux. Victor Hugo m'expliquait hier sa théorie des providences ; selon lui, il y en a à tous les degrés. Il n'y a pas un pauvre homme sur la terre qui n'ait rencontré sa providence et qui n'ait été providence à son tour : Dieu en a peuplé les mondes ; il ne peut dans sa grandeur descendre à toutes les prières, mais si humbles qu'elles soient, ces prières ne sont pas perdues.

Quoi qu'il en soit, je n'étais pas plus enchanté que cela d'avoir fait la connaissance du marquis de Satanas; il y avait en lui du grand seigneur, mais aussi de l'aventurier. Il m'amusait par son esprit soudain et profond, par son art de prendre les femmes, par ses malices contre les hommes : il semblait qu'il eût été à l'université de La Bruyère, de La Rochefoucauld, de Chamfort et de Beaumarchais. Il avait beau me dire qu'il venait de l'enfer tout droit, je n'en voulais pas croire un mot. Et pourtant avec lui j'allais de surprises en surprises.

Comment savait-il si bien tout ce que je savais et tout ce que je ne savais pas, moi qui lis depuis si longtemps à livre ouvert dans les passions contemporaines? Comment connaissait-il si intimement son Paris, lui qui n'était qu'un Parisien d'occasion et d'aventure? Il ne lui avait fallu qu'un hiver pour devenir l'ami de tout le monde, mais surtout l'ami des femmes à la mode. Pas une actrice qui n'eût soupé avec lui ! pas une courtisane qui ne l'eût niché dans son coupé ! pas une femme du demi-monde, à qui il n'eût fait croire qu'elle ne fût du monde !

Paris a cela d'admirable que les étrangers sont chez eux dès qu'ils y mettent le pied. Pour peu qu'un Russe, un Espagnol, un Anglas, un Italien soit de bonne lignée et fasse sonner les louis d'or, il a ses entrées partout ; même là où on regarde à deux fois pour ouvrir la porte à un Parisien bien né, l'étranger passe le premier ; il est de toutes les grandes fêtes et de toutes les petites fêtes ; on ne lui demande ni d'où il vient, ni où il va. On lui fait l'hospitalité plus ou moins écossaise, sans lui parler jamais de ses parchemins. Voilà pourquoi on rencontre çà et là dans les meilleurs salons un prince qui ne serait pas reçu dans les contes de fées.

Je me promettais tous les jours de vérifier les titres du marquis de Satanas, mais le courant m'entraînait comme tout le monde sans me donner le temps de me renseigner. Un jour pourtant j'allai voir le préfet de police et je lui parlai du marquis de Satanas.

— Je vous vois venir, me dit-il en souriant, vous voulez que je vous donne son casier judiciaire. Par malheur la Commune a brûlé tout cela. Je n'en sais pas plus que vous. Depuis qu'on voyage sans passeport, on peut venir de l'enfer par le train express, sans que j'aie le droit de dire *d'où viens-tu* et *où vas-tu?* Tout le monde croit que c'est le diable : Pourquoi pas? Ce qui prouve sa force et sa malice, c'est qu'il ne l'a jamais dit lui-même. Le marquis de Satanas voit le meilleur monde, s'il y a aujourd'hui un monde meilleur qu'un autre. Que voulez-vous! toutes les femmes de Paris ont la beauté du diable, je ne puis pas trouver mauvais que le diable soit à Paris. Il paye comptant et content comme un beau prodigue qu'il est. Il fait le massacre des vertus, mais il ne bat pas les femmes. Le préfet de police n'a donc pas à poser de points d'interrogation.

— Je croyais, dis-je au préfet, que la France et l'enfer, quoique pays voisins, n'avaient pas signé de convention pour supprimer les passeports.

— J'en parlerai au gouvernement qui n'en sait

rien lui-même. Pourquoi voulez-vous être si bien renseigné ?

— C'est que ce diable d'homme ou cet homme du diable m'a confié des secrets politiques à vous faire frémir. Il m'a dit comment finirait la république, comment le prince...

— Chut, me dit le préfet, si je vous écoutais, je vous ferais arrêter.

— Je commencerais par vous arrêter vous-même.

Le préfet m'offrit un cigare.

— Tenez, me dit-il, c'est un cigare du marquis de Satanas. Voilà tout ce que je sais.

— Fumée ! fumée ! répondis-je en saluant le très-spirituel préfet.

Je désespérai de pénétrer le secret du diable. Je n'avais rien à risquer : je continuai à le voir dans ma fureur de curiosité — d'autant plus que je voulais le questionner sur quelques femmes impénétrables — et surtout sur Mlle d'Armaillac.

LIVRE II

LE TRÉSOR DU MARI

I.

LE MARI ET LA FEMME.

CE jour-là, monseigneur Satan me prit pour aller au bois.

Il conduisait le cheval le plus capricieux du monde, une jolie bête venue des écuries du duc d'Hamilton. Tout le monde l'admirait au passage; aussi faisait-il des siennes comme un acteur qui est trop applaudi; par exemple, il voulait à toute force marcher à deux pieds, comme un homme, levant les deux autres avec des hennissements joyeux.

Nous étions dans un duc d'une légèreté fabuleuse, si bien que je me croyais à ma dernière heure, sans espoir de salut, puisqu'aussi bien je ne pouvais pas me faire administrer par le diable. J'avais pris les guides à mon tour : cette fois le cheval se mit à valser, donnant des poignées de main à toutes les victorias qui passaient près de lui.

— Rosa, cria le diable, à Mlle Rosa-la-Rose qui était descendue au bord du lac, venez donc calmer ce cheval que vous connaissez bien.

En effet, Mlle Rosa avait possédé ce cheval endiablé pendant une demi-saison. Elle vint droit à la bête en lui parlant d'une voix ferme et douce. Le cheval parut reconnaître Rosa, il dressa les oreilles et se planta devant elle comme pour attendre ses ordres.

— Voyez-vous, nous dit-elle, je n'ai qu'à parler pour être obéie.

Et elle ajouta :

— Aux hommes comme aux chevaux.

Elle flatta son ancien ami.

— Maintenant, dit-elle, vous pouvez continuer votre promenade, il ira comme une flèche.

— Service pour service, dit le diable à Rosa, un de vos amis mourra ce soir, allez le voir sur le coup de minuit.

Nous avions salué, nous étions déjà loin.

— Qu'est-ce que cela veut dire? demandai-je à mon compagnon.

— Je ne sais pas encore ce qui va se passer, me répondit-il, mais je sais déjà qu'il se prépare un drame étrange. Au retour du bois, si vous voulez, nous irons au spectacle de cette comédie sinistre.

Une demi-heure après nous étions avenue d'Eylau, dans un petit hôtel déjà ancien; naturellement le diable trouva une histoire pour me présenter.

Il y avait cinq personnes dans la chambre, sans compter le moribond : le prêtre qui l'avait administré et qui s'était attardé pour causer, une sœur de charité qui disait les prières des agonisants, un valet de chambre qui soulevait le mourant dans ses bras, un ancien ami qui voulait lui fermer les yeux, enfin son médecin qui s'étonnait de le voir vivre encore.

— C'est fini, dit tout à coup le médecin.

Le valet de chambre dégagea ses mains, le prêtre se rapprocha du lit, l'ancien ami se pencha sur celui qui venait de mourir tout en lui prenant la main.

— Mon meilleur ami! murmura-t-il.

Cet unique ami du défunt se nommait M. de

La Chapelle, un homme du sport ne s'occupant que de chevaux et de femmes.

C'était à la nuit tombante, un soir de décembre, sous un ciel aux sombres nuées; aussi quoiqu'il ne fût que quatre heures, on avait allumé les candélabres sur la cheminée.

La sœur de charité qui avait tout prévu, sortit et rentra aussitôt avec deux cierges qu'elle plaça devant le lit.

Il y avait au fond du lit un bénitier représentant un ange qui levait un enfant vers les cieux, une œuvre suave d'un artiste byzantin. La sœur de charité y trempa une branche de buis et fit le signe de la croix sur la figure de celui qui venait de rendre son âme à Dieu.

On faisait silence, ce qui fit dire à la cuisinière, Mlle Victoire :

— Ne semble-t-il pas qu'on a peur de le réveiller, le pauvre cher homme! »

Ce pauvre cher homme, c'était le vicomte Armand de Marmon qui, tout jeune, s'était signalé par sa fierté agressive dans le monde à la mode. Il avait tenté la carrière diplomatique, mais en fin de compte, avait vécu en se croisant les bras, quoiqu'il n'eût qu'une demi-fortune.

C'était, ou plutôt ç'avait été tout à la fois un paresseux et un batailleur qui ne se trouvait bien nulle part et qui cherchait querelle à tout le monde. Bon cœur et mauvaise tête. Il ne lui restait qu'un ami sérieux. Il avait mis tout le monde contre lui, dans ses quarts d'heure de colère.

Pendant qu'il était à l'ambassade de Londres, il avait épousé une Écossaise, tout ossianesque, le symbole de la poésie visible, ce qui n'empêchait pas la jeune fille d'avoir toutes les aspirations de la vie corporelle et animale. Gourmande, colère, luxurieuse, sans que jamais le sentiment de l'idéal ait passé par son âme, elle ne comprenait que la vie des yeux et la vie des lèvres.

Le vicomte de Marmon l'aima furieusement, plus qu'elle ne voulait être aimée, car elle ne comprenait que la passion qui commence le soir et qui est assouvie le matin. En se réveillant, elle aimait bien mieux une tasse de chocolat que les adorations platoniques ; un peu de jambon d'York lui semblait plus savoureux que les baisers par surcroît de son mari. Il fallait à cette femme un petit cousin d'Hercule, pour la dompter et avoir raison d'elle ; tout le reste n'était que vaine éloquence. Par malheur, M. Marmon, tout batailleur qu'il fût, était plutôt un petit cousin de Platon : il parlait beaucoup des joies de l'amour, mais il s'arrêtait trop souvent à la préface.

Fut-ce pour cela, qu'un beau jour, les reporters ont raconté que M. le vicomte de M— qui avait épousé la plus jolie Écossaise qui fût à Paris, s'était séparé de corps et de biens, pour incompatibilité de tempérament, l'un soufflant la neige, quand l'autre soufflait le feu.

Ce fut une grande surprise dans tout un coin de Paris. On savait bien un peu que le vicomte était jaloux, que la belle Écossaise avait la fureur du bal, du théâtre, des courses, des villégiatures du nord et du midi ; que ce qu'elle aimait le moins c'était sa maison ; que ce qu'elle aimait le plus ce n'était sans doute pas son mari ; mais après tout c'était une femme comme toutes les femmes qui se tuent de plaisir parce qu'elles n'ont rien à faire. On était bien loin de prévoir, à si courte échéance, ce dénoûment de la séparation, car le mariage n'avait pas duré trois ans.

Qu'était devenue la jeune femme?

Le vicomte de Marmon avait fait un petit

voyage dans sa terre du Périgord pour éviter les compliments de condoléances, pour mieux oublier peut-être ; la belle Écossaise était sans doute retournée en Écosse, dans le vieux donjon où le vicomte l'avait connue un jour de chasse. Tout passe si vite à Paris que quelques semaines après cet événement, on ne parla plus ni de l'homme, ni de la femme.

La séparation avait eu lieu aux fêtes du dernier carnaval, on était arrivé au 13 décembre, jour néfaste. Il y avait donc six mois que M. de Marmon vivait solitaire, malade d'esprit et de corps.

La cuisinière, qui ne perdait pas de temps, alla chercher un drap pour ensevelir son maître.

— Le drap le plus fin ! dit-elle en l'étendant devant le feu.

Et s'adresant à M. de La Chapelle.

— Tout cela est bien étonnant : si jeunes et si beaux tous les deux, je vous demande s'ils devaient finir ainsi ? La femme est allée on ne sait où et voilà le mari dans l'autre monde. Monsieur aimait trop madame, voyez-vous, c'était une tyrannie que cet amour-là.

— Chut ! dit l'ami du vicomte.

Mais la cuisinière continua tout en se parlant à elle-même :

— C'était un bon cœur, mais il avait ses lubies. Quand sa femme s'est envolée, il a mis tout le monde à la porte. Je suis revenue de force quelques jours après, mais j'ai gardé mon franc parler avec lui ; aussi, si je suis restée, c'est parce que je lui disais du bien de sa femme ; c'en est encore un qui est mort de chagrin.

Après avoir failli envoyer la cuisinière à sa cuisine M. de La Chapelle finit par écouter cette fille.

— Au fond, que s'est-il passé entre eux ? lui demanda-t-il à mi-voix.

— Il s'est passé que monsieur battait madame ; madame était charmante, mais un peu folle, tout de même. Toujours des amoureux à ses trousses. Je ne dis pas qu'elle allait bien loin avec eux, mais elle mettait monsieur dans l'enfer ; aussi, dans les jours de bataille, j'avais toujours peur du revolver ou du poignard. Vous savez bien que monsieur ne se connaissait plus dans ses colères ; aussi, comme disait ma mère, nul n'échappe à sa destinée.

Le prêtre demanda alors au valet de chambre

depuis combien de temps le vicomte de Marmon était malade; cet homme, qui était nouveau dans la maison, laissa parler la cuisinière.

— Monsieur le curé, voilà l'histoire : Monsieur est resté d'abord ici cinq semaines à pleurer après le départ de madame; c'était une désolation ; je croyais qu'il ne s'en relèverait pas. Il a fini par prendre le dessus. Je lui ai conseillé d'aller dans sa famille du côté de Périgueux. Il n'a plus ni père ni mère, mais il a encore une sœur qu'il aime beaucoup. Elle l'a consolé un peu, mais il était bien abattu quand il est revenu.

Cette fille raconta ensuite que, dès son retour, il avait voulu faire sa chambre à coucher du salon où il venait de mourir, sous prétexte que c'était une pièce donnant sur le jardin où il se promenait jour et nuit; elle avait eu beau lui représenter que cette pièce du rez-de-chaussée était humide, il s'était obstiné à y faire descendre son lit, disant qu'il y ferait du feu tous les jours. Dès que l'automne était venu, elle lui avait dit qu'il habitait un tombeau et qu'il fallait remonter au-dessus, mais rien n'avait pu le décider à vivre ailleurs que dans ce salon.

— C'est sans doute qu'il voulait mourir là, le

pauvre cher homme, ajouta la cuisinière en terminant son récit.

Et à son tour elle alla prendre de l'eau bénite avec du buis pour asperger le défunt avec la vraie croyance des bonnes gens.

La mort avait déjà mis ses tons parcheminés sur la face. On n'avait pas fermé les yeux à M. de Marmon, mais on voyait bien qu'il ne regardait plus.

On fit encore silence, chacun le contemplait tout en interrogeant le mystère de la mort.

La cuisinière dit alors :

— Le feu s'éteint.

Et elle alluma un journal déployé pour le jeter dans l'âtre, mais elle se brûla et laissa tomber le journal tout en flammes qui mit le feu au linceul déjà préparé.

Il se passa alors une de ces scènes funèbres dont les spectateurs eux-mêmes finissent par douter le lendemain, tant les plus superstitieux ne veulent pas admettre le surnaturel ni dans les choses de la vie, ni dans les choses de la mort.

II.

LES MYSTÈRES DE LA MORT.

CELUI qui venait de mourir une demi-heure auparavant, celui qui était bien mort selon la science, puisque le médecin l'avait affirmé, celui qui, depuis la veille, avait perdu tout sentiment et qui avait achevé de vivre dans le délire, sans pouvoir même soulever sa tête, ce mort à qui on avait apporté Dieu dans l'Extrême-Onction et qui n'était pas revenu à lui...

Il se leva avec une rapidité vertigineuse, il se précipita hors du lit, il tendit ses longs doigts desséchés, il saisit le journal et le drap qui flambaient sur le tapis, il les jeta dans l'âtre, et revint tomber sur son lit, sans mouvement, plus mort que jamais, au grand effroi de tous ceux qui étaient là.

Le médecin courut à lui.

— Il est mort. Il était mort, dit-il en portant la main au cœur du trépassé et en lui passant une glace sur les lèvres.

La cuisinière courut à son tour, armée d'un flacon.

— Allez, lui dit le médecin, vous pourriez bien l'inonder du vinaigre des quatre voleurs, sans provoquer un tressaillement.

Le prêtre s'était mis à prier.

On coucha pieusement le mort dans son lit, et on causa de quelques singularités du dernier quart d'heure.

Selon le médecin, la mort apparente renferme encore la vie pour quelques natures nerveuses, ce qui explique comment plus d'un s'est réveillé dans son tombeau. Mais ce n'est jamais qu'une dernière étincelle.

M. La Chapelle, qui était un homme pratique, aimant à chercher la raison de tout ce qui était inexpliqué, se demandait comment M. de Marmon avait pu s'inquiéter — après une agonie de douze heures, — déjà mort, sinon dans le tombeau — d'un journal enflammé tombant sur son tapis? Que lui faisaient les choses d'ici-bas, même l'incendie de cette maison, à lui qui allait habiter le cimetière? Ceci l'étonnait d'autant plus, que le jeune vicomte était un caractère fort insouciant : en bonne santé, il ne se fût pas beaucoup inquiété d'une maison brûlée qui n'était pas à lui.

Après avoir réfléchi pendant quelques minutes, M. de La Chapelle crut avoir trouvé le secret; il s'imagina que son ami, qui était mystérieux, avait caché sous le parquet de l'or et des bijoux.

Nous sortimes avec lui. Il nous confia ses idées sur le trésor du vicomte. Le marquis de Satanas lui offrit un cigare pour ne pas lui dire sa pensée.

Le soir, tout en racontant dans une société de femmes légères qui avaient dîné à sa Maison d'Or l'histoire du mort ressuscité un quart de minute, M. de La Chapelle fut indiscret jusqu'à dire une seconde fois que sans doute un trésor était caché là sous ce tapis qui avait failli brûler.

Cette indiscrétion ne tomba pas dans l'oreille d'une sourde.

Parmi ces femmes, il en était une qui fut pendant quelques six semaines la maîtresse du vicomte avant son mariage. Depuis la séparation, elle l'avait revu, mais sans pouvoir le consoler, ni le reprendre à ses amours. Toutefois, de gré ou de force, elle avait ses entrées dans la maison.

C'était Mlle Rosa-la-Rose, déjà nommée.

— Ah! s'écria-t-elle, il est mort sans me faire ses adieux! C'est d'autant plus mal qu'il m'a promis de me coucher dans son testament. C'était un drôle de corps; il m'a donné des boucles d'oreilles en diamants qu'il m'a reprises la veille de son mariage. Je sais bien qu'il me les a payées, mais c'est égal, il me les doit toujours.

Elle se promit d'aller faire un petit tour par là avant de rentrer chez elle.

Ces filles de plaisir s'amusent d'ailleurs de tout.

III.

POURQUOI MADEMOISELLE ROSA-LA-ROSE TOMBA-T-ELLE ÉVANOUIE?

MADEMOISELLE Rosa quitta son monde de bonne heure pour faire une visite à celui qui venait de mourir.

La cuisinière ne la recevait pas très-bien; ce fut pourtant la cuisinière qu'elle demanda ce soir-là vers onze heures et demie; elle lui passa un billet de cent francs dans la main tout en lui montrant des larmes dans les yeux; elle la supplia de lui laisser voir le mort, en lui rappelant qu'elle était un peu de la maison et en lui disant que c'était le seul homme qu'elle eût aimé.

La cuisinière, tout en déchiffonnant le billet de cent francs, répondit qu'elle ne voyait pas grand mal à cela, sinon qu'il y avait là une sœur de charité qui ne décamperait pas pour lui être agréable.

— Vous lui direz que je suis sa sœur; c'est d'autant plus vraisemblable que le vicomte disait que nous avions plus d'un trait de ressemblance.

La cuisinière sembla décidée et passa en avant. Elle revint bientôt en disant à Mlle Rosa que la sœur de charité, sur ses prières, voulait bien se coucher pendant deux heures, ce qui allait lui permettre de prier à son tour pour son ancien amant.

Et elle conduisit Mlle Rosa devant le lit mortuaire.

— Si vous avez peur, je suis là, dit la cuisinière, en essuyant deux larmes du coin de son tablier de cuisine.

— Pourquoi aurais-je peur? murmura la courtisane; je ne lui ai jamais fait de mal et il ne m'a jamais voulu que du bien.

— Alors, je conduis la sœur de charité là-haut pour qu'elle se repose un peu, car elle n'a pas désemparé depuis deux jours, après quoi je mettrai un peu d'ordre dans la maison si j'en ai la force.

Mlle Rosa resta donc seule en face du mort, mais elle ne le regarda pas bien longtemps. Elle n'était pas venue pour ce spectacle funèbre. Elle s'approcha de la cheminée où le feu flambait gaiement.

— C'est donc là, dit-elle en regardant le tapis quasi brûlé.

Il n'y avait pour toute lumière que celles des deux cierges et des flammes de l'âtre, aussi Mlle Rosa ralluma les candélabres, qui avaient été éteints au moment même de la mort de M. de Marmon.

— C'est donc là, répéta-t-elle encore tout en arrachant le tapis avec la pointe et le talon de sa bottine.

Elle finit par y mettre la main, puis elle frappa du pied le parquet comme pour l'interroger. Il lui sembla que le parquet sonnait or et bijoux ; il y avait là un abîme qui l'attirait, mais comment pénétrer dans cet abîme ?

Elle pensa à mettre la cuisinière dans son jeu ; c'était une bonne pâte de femme qui avait accepté le billet de cent francs sans se révolter. Qui sait si elle refuserait un autre billet de cent francs pour être de moitié dans le secret, d'autant plus que Mlle Rosa ne voulait pas voler la succession ; elle espérait retrouver ses deux boucles d'oreilles en diamants ; elle espérait aussi trouver des bijoux que le vicomte lui avait promis à plus d'une reprise. C'était tout.

Elle sonna, mais la cuisinière ne vint pas.

Elle sonna une seconde fois, elle ouvrit la porte du salon et appela Victoire. Ne la voyant pas apparaître, elle alla, une bougie à la main, pour la chercher. Elle la trouva profondément endormie dans sa cuisine devant son livre de dépenses.

— Victoire! dit-elle encore en la secouant un peu.

Mais Victoire venait de tomber dans un de ces sommeils de minuit qui vous prennent après des jours de fatigue et d'émotions.

Mlle Rosa s'en retourna en murmurant :

— Ma foi ! tant pis, je vais tenter de faire la chose toute seule.

Et elle prit un couteau de cuisine en pensant qu'il pourrait bien lui être d'un grand secours. Quand elle rentra dans la chambre mortuaire, elle eut un battement de cœur en voyant le mort, mais elle était déjà aguerrie.

Elle se mit à l'œuvre avec une rapidité fiévreuse. Elle remarqua bientôt que le tapis, une imitation de tapis de Perse, n'était retenu devant la cheminée que par des clous de cuivre ; il avait été coupé sur la largeur du foyer, ce qui prouva à Mlle Rosa que M. de La Chapelle ne l'avait pas trompée. Mais comment défaire ces six clous de cuivre qui fixaient ce morceau de tapis ? Elle essaya du bout de son couteau ; au premier clou, elle brisa la pointe, mais les autres ne furent pas bien difficiles à faire sauter.

Voilà donc le tapis soulevé, mais comment avoir raison du parquet ? En y regardant de près, elle s'aperçut que, quoique ce parquet fût en point de hongrie, une entaille régulière, masquée par la cire, représentait exactement la forme du tapis qu'elle venait de soulever.

Elle se dit qu'il lui serait impossible d'entr'ouvrir ce parquet, mais la tentation la retenait là, agenouillée, dévorant des yeux ces petites planches qui recouvraient le trésor. Elle était déjà éblouie par les diamants.

— C'est étrange ! dit-elle tout à coup.

Elle avait vu sur cette partie du parquet une douzaine de vis ; donc ce compartiment pouvait être soulevé comme le tapis. Mais elle s'étonnait de la grandeur de la cachette.

En y réfléchissant, elle pensa que le vicomte n'appelait sans doute pas un serrurier chaque fois qu'il voulait contempler son trésor. Ce qu'il pouvait faire, pourquoi ne le ferait-elle pas?

Sans même croire qu'elle pût en venir à bout, elle essaya de tourner une vis avec le couteau cassé, ce qu'elle fit sans difficulté. Elle continua, elle continua encore, elle arriva jusqu'aux dernières vis sans trop d'obstacle.

Mais comment soulever ce compartiment, qui était presque aussi lourd qu'une porte à un vantail? La volonté donne de la force comme elle donne du génie. Mlle Rosa entra deux doigts dans les deux trous des vis les plus rapprochées de l'âtre pour lever ce fragment de parquet, qui céda non sans peine, après plusieurs efforts ; une première fois, elle le laissa retomber, la seconde fois, elle put passer les pincettes et se réjouir de sa victoire.

— Enfin, dit-elle en respirant, rien n'est donc impossible !

Elle passa sa main et la retira avec un tressaillement, rapportant une de ses boucles d'oreilles.

— C'est glacé là-dessous, dit-elle.

Elle regarda la boucle d'oreilles. C'était un diamant de dix-huit carats surmonté d'une rose.

— Est-ce étrange que j'aie tout de suite mis la main dessus? dit-elle toute surprise de sa trouvaille. Mais l'autre boucles d'oreilles?

Elle eut peur d'être surprise et alla tirer le verrou.

Quand elle revint, elle se vit dans la glace et s'effraya de sa pâleur. Elle regarda le mort et sembla lui dire : « Va, ne crains rien, je ne prendrai pas autre chose. » Elle s'agenouilla et renversa d'un seul coup contre un fauteuil la partie coupée du parquet.

Alors elle vit un tel spectacle, qu'elle poussa un cri et tomba évanouie.

IV.

LE TRÉSOR DU VICOMTE.

Qu'avait donc vu Mlle Rosa? Elle était encore évanouie, quand, une demi-heure après, la cuisinière vint tout effarée, ne sachant pas combien de temps elle avait dormi. Cette fille fut très-surprise de sentir la résistance du verrou, quand elle voulut ouvrir la porte.

Elle frappa, on ne répondit pas ; elle appela, ce fut le même silence.

— Que se passe-t-il donc? qu'a-t-elle fait? a-t-elle eu peur de M. de Marmon?

Elle appela encore; elle prit peur elle-même et courut réveiller la sœur de charité.

Il était une heure du matin. Tout le monde

dormait au voisinage. On n'entendait que le bruit du vent dans les arbres du jardin. La cuisinière regrettait d'être restée toute seule avec la sœur de charité, pour passer la nuit, car, s'il arrivait un malheur, on aurait beau appeler au secours sur l'avenue d'Eylau : on n'eût réveillé que les chiens du voisin.

— Voyez-vous, ma sœur, dit Victoire, en secouant la porte de la chambre mortuaire, nous n'avons qu'une chose à faire si la porte résiste, c'est de passer par une des fenêtres donnant sur le jardin.

Mais la porte ne devait pas résister longtemps devant une gaillarde comme Victoire, qui avait des bras d'hercule et des genoux d'acier. Un des vantaux céda. La religieuse passa en avant. Elle vit du premier regard Mlle Rosa couchée au coin de la cheminée.

— Tiens, dit la cuisinière, elle s'est endormie là.

La religieuse s'était avancée. A son tour, elle poussa un cri et tomba agenouillée, mais sa force en Dieu l'empêcha de perdre connaissance.

— Qu'est-ce que c'est que tout cela? dit la cuisinière.

Tout à coup, elle fit un pas en arrière avec épouvante.

Elle venait de reconnaître la vicomtesse de Marmon enveloppée d'un linceul, mais la tête découverte, dans un tombeau que lui avait creusé son mari.

— La pauvre chère femme, dit Victoire en joignant les mains, qui est-ce qui se serait douté qu'elle était là !

La religieuse interrogeait des yeux la cuisinière.

— Le mort seul pourrait vous répondre, dit-elle en se penchant pour voir de plus près la morte.

La belle Écossaise était enveloppée dans des flots de mousseline, sur un lit d'aromates, qui étouffaient par leurs parfums aigus l'odeur cadavérique. La jeune femme avait été embaumée avec toute la science égyptienne; aussi, quoiqu'elle fût là depuis six mois, elle conservait encore le caractère de sa beauté. Les paupières bleuâtres masquaient l'absence des yeux. Le front était d'ivoire; pareillement les joues et le menton. Le nez s'était trop effilé. Les lèvres étaient encore rouges, soit qu'elle les eût peintes elle-même avant sa mort, soit qu'elles eussent été peintes après l'embaumement. La bouche était entr'ouverte comme par un demi-sourire. On voyait les belles dents serrées par l'agonie.

Quelle avait été l'agonie?

— Voyez donc, ma sœur, dit tout à coup la cuisinière, il lui manque une boucle d'oreilles.

— C'est singulier, dit la religieuse, en détournant les cheveux de la morte comme pour retrouver le diamant, son oreille est déchirée.

La cuisinière, qui ne croyait pas que Mlle Rosa fût venue là pour prier, dit tout de suite :

— C'est elle qui aura pris la boucle d'oreilles.

Elle chercha et la retrouva sous la main de la courtisane.

— Voilà donc pourquoi, dit-elle, elle a tiré le verrou.

V.

L'AGONIE DE L'AMOUR.

Devinez-vous? me demanda le diable, quelques jours après.

Je dis au diable qu'il n'était pas douteux pour moi que le vicomte de Marmon n'eût tué sa femme dans une rage de jalousie.

— Oui, il l'a tuée, ne croyant pas qu'il irait jusqu'à la fin. Vous savez qu'il la battait; elle était vaillante, elle le défiait, elle le raillait. A chaque coup, elle ripostait par une insulte mortelle. Ce jour-là, elle le brava en lui disant qu'elle l'avait vingt fois trahi, avec des joies diaboliques. « Tai-toi donc! mais tais-toi donc! » lui cria-t-il. Elle continua. Il la saisit à la gorge et l'étrangla comme il eût fait d'une bête féroce, l'adorable créature !

— La folie de l'amour !

— Vous savez déjà qu'il ne se connaissait pas dans ses colères. La belle Écossaise ne fut pas plus tôt morte qu'il rugit de douleur. Il voulut mourir lui-même, mais il espéra la rappeler à la vie ; les douceurs et les caresses ne firent rien : elle était bien morte.

— Et pourquoi ne s'est-il pas tué lui-même ?

— Il s'est enfermé dans le salon où il avait tué sa femme. Après quelques heures de désespoir, il perdit la volonté de mourir, il s'attacha à cette morte avec égarement, la dévorant des yeux. Que faire ? il ne voulait pas aller dire à tout Paris : J'ai étranglé ma femme ; j'ai rejeté stupidement dans le néant ce chef-d'œuvre de la création.

— Et ce fut alors sans doute que lui vint l'idée de creuser lui-même le tombeau de sa femme.

— Oui, il pensa à l'enterrer la nuit dans le jardin. Mais comme il avait l'idolâtrie de cette beauté, il ne put se résoudre à la perdre des yeux pour jamais. Dans son voyage en Égypte, en 1869, à l'inauguration de l'isthme de Suez, il s'était préoccupé des momies avec Théophile Gautier et un Arménien qui croyait avoir retrouvé la science des embaumements. Voilà pourquoi il fut saisi d'une de ces idées fixes qui finissent par tuer leur homme : embaumer sa femme et la garder presque sous ses yeux pour se repaître de sa douleur, pour en vivre et pour en mourir.

— Il était si simple de la garder vivante!

— Il ne pouvait confier son secret à personne. Aussi renonça-t-il au jardin où il aurait pu faire bâtir une chapelle souterraine. Il pensa au salon où il l'avait tuée, où elle était couchée encore presque chaude sur un canapé. Tout justement ce salon n'avait pas de sous-sol, quoique surélevé d'un petit perron sur le jardin. En ce petit hôtel, bâti sur le terre-plein avec une couche de bitume pour le préserver de l'humidité on avait posé le parquet sur le bitume. Le soir, le vicomte renvoya ses trois domestiques en disant qu'il partait le lendemain avec sa femme pour un long voyage. Une fois seul, il accomplit cet horrible travail. Le lendemain soir, tout était fini.

Le diable me dit comment, tous les trois ou

quatre jours, le vicomte, avant son voyage dans son pays et après son retour, se donnait le funèbre spectacle de voir sa femme morte. Les contractions de la rapide agonie s'étaient effacées dans l'embaumement. Elle était devenue, comme on l'a dit déjà, presque belle et presque souriante dans sa pâleur de morte.

Le vicomte n'avait pu vivre longtemps en pareille compagnie. Il avait achevé de mourir dans le salon du tombeau, sans avoir le temps de transporter sa femme dans un coin du jardin où sous quelques pieds de terre elle n'eût peut-être jamais été découverte.

Il avait fini par s'abandonner à la grâce de Dieu, mourant tous les jours de mille morts, prolongeant son agonie par le spectacle de sa femme morte, baisant le tapis quand il n'eut plus la force d'ouvrir le tombeau.

— Voilà pourquoi, dit le marquis de Satanas, la colère est un péché mortel. Elle frappe et elle tue.

Il me montra une photographie de la vicomtesse de Marmon. C'était la plus adorable des femmes, avec ses gerbes de cheveux blonds et ses yeux bleus noyés d'amour. Par raillerie elle portait à son cou son cœur percé d'une flèche.

— Pour ce qui est de Mlle Rosa, dit le diable en terminant, elle n'a pas redemandé ses deux boucles d'oreilles. Quand vous la rencontrerez dans son monde, parlez-lui de ses terreurs, elle vous dira, à vous qui savez l'histoire, avec quelle épouvante elle se souvient de cette blanche figure qui lui apparut sous la lumière des cierges. Elle vous peindra, en pâlissant encore, comment elle arracha cette boucle d'oreilles, après avoir senti vaguement le froid de la figure.

LIVRE III

UN ANGE SUR LA TERRE

I.

AVANT-PROPOS DU DIABLE.

LE diable me dit un matin :
— Vous ne croyez pas aux démons, mais vous croyez peut-être aux anges. Vous verrez que les uns ne vont pas sans les autres. Vous avez admiré hier une jeune dame qui porte la douceur et la bonté sur sa figure. Une vraie figure d'ange.

— Hier, où donc ?

— Vous ne vous rappelez-pas, à l'Opéra, dans la loge voisine de la nôtre ?

— Ah ! oui. Elle était là comme une sainte dans sa niche.

— Et, vous l'avez regardée avec passion, comme un amoureux qui veut entrer en campagne.

— Oui, je croyais la connaître, mais j'ai fini par tourner la tête de l'autre côté, parce que je n'aime pas à perdre mon temps. C'est une femme qui doit filer le parfait amour en dévidant du fil de la Vierge.

Le diable prit un regard doucement railleur.

— Vous avez bien fait, reprit-il; cette femme porte son âme sur sa figure.

Et le marquis de Satanas me conta l'histoire de cette femme surnommée « la vertu même » que je savais déjà par fragments.

Si la France avait eu beaucoup de capitaines comme le capitaine Charles Fleuriot, tous les Allemands seraient par delà le Rhin.

Après avoir fait des prodiges dans les batailles de Mars-Latour, il avait versé son sang de héros à l'armée de la Loire. Il était aimé de tous quelle que fût l'opinion. Pour lui, sa seule opinion c'était la patrie, comme son seul ordre du jour était le devoir : il était républicain sous la République, comme il avait été impérialiste sous l'Empire, sans que nul osât l'accuser de palinodie.

Pendant la Commune, il était à Versailles, souffrant encore de ses blessures, mais ne le disant qu'à lui seul, décidé qu'il était à se jeter un des premiers dans Paris.

Il rencontrait souvent rue de l'Orangerie une jeune fille blonde, pâle, grande, mince, qui semblait une apparition ; un air de candeur était répandu sur sa figure, d'un joli dessin; ses yeux avaient la douceur du ciel, sa bouche n'exprimait que la chasteté, on jugeait du premier regard que cette jeune fille ne savait rien des voluptés de l'amour.

— On a beau dire, pensait le capitaine, il y a encore des ingénues, qui n'ont pas les rouéries des Agnès du théâtre.

Après trois rencontres, on se regarda avec je ne sais quelle douceur pénétrante. Le capitaine avoua que ces beaux yeux, couleur du ciel, lui allaient au cœur. La jeune fille semblait touchée tout aussi profondément que le capitaine.

A la quatrième rencontre, on échangea un sourire, il semblait qu'on se connût depuis longtemps.

— C'est écrit là-haut, dit le capitaine, je sens bien que je vais aimer follement cette jeune fille.

A la cinquième rencontre, il la salua en s'inclinant, avec un sourire ineffable.

— Mademoiselle, lui dit M. Charles Fleuriot, permettez-moi de vous présenter les armes.

Et il mit la main sur son épée.

— C'est une amie, poursuivit-il; si jamais on vous offensait, je vous réponds que vous seriez bien défendue.

— On ne m'offensera jamais, monsieur, dit la jeune fille en voulant passer outre.

— Qui sait! reprit le capitaine; vous êtes si jolie qu'on pourrait bien se hasarder à vous le dire.

— Oui, mais je ne le croirai pas. Adieu, monsieur.

— Adieu, mademoiselle. Encore un mot ; car il faut que je vous dise qu'avant de vous rencontrer je me croyais expatrié à Versailles; grâce à vous, j'y voudrais vivre toujours.

— Et moi, je voudrais m'en aller. Vous n'imaginez pas comme je m'ennuie ici; je suis à Versailles en camp volant, à peine habillée ; vous voyez que j'ai toujours la même robe, mais je n'ose retourner à Paris.

— Ah! vous êtes parisienne? sans doute vous êtes ici en famille ?

— Non, monsieur, je suis orpheline; je n'avais plus qu'un oncle qui s'est fait tuer à Reischoffen.

— Un brave homme! Si vous voulez, mademoiselle, je serai votre oncle.

— Vous êtes trop jeune, monsieur.

Ce mot alla au cœur du capitaine, car, avec ses cheveux noirs, ses rudes moustaches et sa figure brunie, lui qui n'avait que trente ans, il avait l'air d'un quarantenaire.

Il posa quelques points d'interrogation d'un air distrait, il voulait savoir si la jeune fille avait au moins de quoi vivre pendant son séjour à Versailles.

Elle lui apprit que, grâce à Dieu, il lui restait assez d'argent pour attendre la fin du siège de Paris. Elle n'avait pas de fortune ; mais elle devait recueillir quelques milliers de francs dans la succession de son oncle, sans compter qu'elle avait des bijoux lui venant de sa mère.

— Et comment passez-vous votre temps à Versailles, mademoiselle ?

— A m'ennuyer, monsieur ; heureusement j'ai trouvé ces jours-ci, grâce à la marquise d'Arvers à qui j'ai été recommandée, une leçon de piano et une leçon de chant.

— Ah! vous chantez ?

— Comme tout le monde.

— Adieu, monsieur.

Cette fois la jeune fille échappa au capitaine comme un oiseau qui s'envole.

Il chanta le refrain de la vieille chanson : *Une fille est un oiseau.*

— Elle est charmante, elle est charmante, elle est charmante, dit-il, en se rappelant le vers d'Émile Augier.

II.

L'ÉGLOGUE DU CAPITAINE.

Deux pensées vinrent au capitaine par deux chemins opposés.

— Ah! dit-il, qu'on serait heureux d'être son amant! — Ah! qu'on serait heureux d'être son mari!

Et il fit cette réflexion qu'on avait tort de dire trop de mal des femmes. Bien plus que l'homme, la femme est l'image de Dieu sur la terre : elle a toutes les vertus primitives, la douceur, la grâce, la candeur, la charité, la résignation, le dévouement.

Ce n'est pas moi, c'est le capitaine qui disait cela.

Cette jeune fille qu'il venait de rencontrer ne semblait-elle pas un ange qui cache ses ailes ? n'avait-elle pas dans le regard et sur les lèvres une expression toute divine ?

Aussi le capitaine qui, jusque-là, n'avait aimé que les femmes au corsage abondant, trouva-t-il très-bien que cette jeune fille fût éthérée. Il était pris par les aspirations de l'âme, plutôt que par la gourmandise des yeux et des lèvres.

Il se promit bien, à la première rencontre, de ne pas la perdre de vue avant de savoir où elle demeurait. A n'en pas douter, c'était au voisinage de la rue de l'Orangerie, puisqu'il la rencontrait presque toujours devant l'église Saint-Louis. Mais ni ce jour-là, ni le lendemain, il ne la vit reparaître, ce qui lui fut un vif chagrin, car il ne vivait plus que de son image. Il pensa qu'elle devait aller à la messe. Il alla l'attendre un matin à l'église. En effet, il la vit bientôt entrer, mais elle n'était pas seule. Un homme d'assez mauvaise mine l'accompagnait. C'était un de ces jeunes désœuvrés qui ont l'air d'être un peu de tous les mondes, parce qu'ils suivent la mode de près, mais sans pouvoir prendre à la mode la distinction qui est une vertu de race, si bien que ces gens-là ont beau faire, ils trahissent de prime abord leur origine.

Le capitaine fut bien désenchanté. « Qu'est-ce que cela? dit-il; est-ce que c'est un amoureux? quoi cette jeune fille va à la messe avec un pareil drôle!»

M. Charles Fleuriot ne remit pas au lendemain pour savoir à quoi s'en tenir. Comme tous les hommes violents, il allait droit au but. C'est ainsi qu'il s'avança sans détour vers la jeune fille. Il lui retrouva la figure des jours passés. Cette rencontre en compagnie de ce jeune homme ne lui mit pas le moindre nuage sur le front, ni le moindre trouble dans les yeux.

— J'étais sûr, dit le capitaine, que je vous trouverais ici.

— Oui, j'y viens souvent, n'est-ce pas, mon cousin?

Elle se tourna à demi avec une candeur charmante vers « la mode du jour. »

— Ah! vous avez un cousin, dit le capitaine, en fixant le jeune homme.

Et il ajouta avec impertinence :

— Le cousin ne s'est pas fait tuer à la guerre comme l'oncle?

— Ce n'est pas de sa faute, car il était dans les francs-tireurs.

Le franc-tireur n'était pas du tout martial devant le regard d'acier de M. Charles Fleuriot.

Cette scène se passait devant le bénitier.

— La messe va commencer, reprit le capitaine, en trempant son doigt dans le bénitier. Adieu mademoiselle, voulez-vous me dire où vous demeurez, j'irai vous parler de votre oncle.

La jeune fille répondit aussitôt comme si la vérité parlait toute seule :

— Rue de Satory, n° 4.

— Mais votre nom ?

— Marie Leblanc.

Le capitaine fit le signe de la croix.

— Voilà de l'eau bénite qui sent l'eau de Lubin, dit-il en regardant « la mode du jour. »

Il tendit la main à la jeune fille, comme pour provoquer le jeune homme qui ne se fâcha pas du tout.

— A revoir, mademoiselle.

Le capitaine sortit de l'église tout en cherchant la vérité sur ce cousin qui avait l'air d'un cousin d'occasion.

Le même jour, il alla frapper à la porte de Mlle Marie Leblanc.

Elle vint lui ouvrir toute joyeuse.

Elle était plus jolie encore dans sa robe de chambre d'une coquette simplicité, avec ses cheveux mal noués et ses mules de satin bleu.

— Ah! dit le capitaine, voilà qui est de mauvaise guerre, car, dès que je vous vois, je suis vaincu.

— Je ne suis pourtant pas sous les armes.

— Vous êtes adorable. Votre cousin n'est pas là?

Marie regarda le capitaine de son plus pur regard.

— Dieu merci, mon cousin ne demeure pas avec moi.

— Il me déplaît votre cousin.

— Il me déplaît aussi; que voulez-vous, je ne peux pas le renier.

— Que diable fait-il à Versailles ?

— Ne m'en parlez pas. Je lui conseille de reprendre du service, mais il n'aime qu'à faire le beau.

— Ces gamins-là sont la plaie de la France ; est-ce qu'il est riche votre cousin ?

— Ma foi, capitaine, je n'ai pas compté avec lui. Je sais qu'il ne se refuse rien, il vit à l'hôtel des Réservoirs, il loue des victorias pour aller à Montretout.

Le capitaine, tourmenté par la jalousie, ne

pouvait s'empêcher d'interroger la jeune fille.

— Est-ce que vous êtes allée avec lui à Montretout ?

— Oh ! une seule fois, il m'avait dit qu'il me montrerait par sa longue-vue la maison que nous habitions avec mon oncle, avenue de la Grande-Armée.

— Est-ce que ce cousin-là est un fils de votre oncle ?

— Non, c'est d'une autre branche.

— Ah ! j'en suis bien aise, car un vrai soldat ne pourrait pas mettre au jour un brin de muguet.

Marie s'était assise au piano et tourmentait les touches.

— C'est cela, jouez-moi le grand air des Puritains.

— Ah ! je ne sais jouer que des valses.

— Des valses ! Et vous donnez des leçons de musique ! Enfin, jouez une valse.

La jeune fille joua une valse avec beaucoup d'entraînement.

— On voit que vous avez valsé, mademoiselle.

— Oh ! trois ou quatre fois ; vous savez, les femmes savent valser sans avoir valsé.

En écoutant jouer une des valses qui avaient

fait tourbillonner les grandes dames de l'Empire, M. Charles Fleuriot s'était penché amoureusement sur Marie. Il respira doucement l'agreste parfum de jeunesse que répandait le vingtième printemps de la musicienne.

— Que c'est bon, la jeunesse, murmura-t-il, que c'est bon quand c'est la candeur, quand c'est l'innocence, quand c'est la vertu !

Le capitaine n'avait jamais fait l'amour qu'à la hussarde ; il était né soldat et il n'avait eu de vraie maîtresse que la patrie; il avait couru comme les autres les aventures galantes, mais s'arrêtant toujours au premier mot de la passion, se consolant d'une femme par une femme sans s'imaginer qu'il pût jouer un jour le rôle d'un amoureux sentimental. Son cœur était une forêt vierge où il ne s'était jamais hasardé. Aussi se jeta-t-il éperdument dans cette passion imprévue qui métamorphosait pour lui toutes choses. Le soleil était plus rayonnant, le ciel plus bleu, l'horizon plus doré. Un air de gaieté se répandait autour de lui. Quoique brave et bon jusque-là, il se sentait plus vaillant et meilleur encore. Il ne pouvait s'empêcher de s'écrier : La belle chose que l'amour !

Il passa ce jour-là toute une heure avec la jeune fille, dans ces adorables causeries amoureuses où les paroles ne sont que le point de départ de mille rêveries intimes et de mille expansions inavouées. Le vrai langage est celui des yeux et des âmes ; en amour, c'est la seule éloquence.

Plus d'une fois il fut sur le point de dire adieu à Marie, mais il ne pouvait s'arracher à ce charme irrésistible d'un amour nouveau-né. Enfin quand il la salua, il resta toute une demi-minute à la regarder en silence, comme s'il eût peur de ne plus la revoir.

— Voulez-vous que je revienne demain ? lui demanda-t-il.

— Non, lui répondit-elle, en baissant les yeux.

— Pourquoi ?

— J'ai peur de vous aimer.

Sur ce mot, dit de l'air du monde le plus simple, le capitaine se pencha pour embrasser le front de la jeune fille. Elle ne s'offensa pas et releva la tête pour montrer sa belle figure tout empourprée d'une pudique rougeur.

M. Charles Fleuriot eut toutes les peines du

monde à maîtriser ses bras ; il voulait la prendre et l'appuyer sur son cœur.

— Adieu, adieu, dit-il, je reviendrai demain.

Et il descendit rapidement l'escalier pour n'être pas tenté de retourner sur ses pas.

Le lendemain ils se rencontrèrent dans le parc, aux bosquets La Vallière, comme s'ils se fussent donné rendez-vous. Je ne saurais dire avec quel enchantement le capitaine cueillit des fleurettes dans l'herbe pour les donner à Marie. Elle les baisait et les cachait dans son sein. M. Charles Fleuriot voulait partager. C'était un très-poétique et très-amoureux combat. La jeune fille rougissait et le capitaine rougissant aussi lui disait :

— Voilà des roses que je voudrais cueillir sur vos joues.

Un homme très-connu et très à la mode vint troubler cette églogue : il passa et salua l'amoureuse.

— Vous connaissez monsieur ***, lui demanda le capitaine.

— Oui, c'est mon cousin.

Le capitaine défrisa sa moustache.

III.

COMMENT ON SE MARIE.

Pendant la Commune, j'étais en villégiature à Versailles, comme beaucoup de Parisiens qui se trouvaient dépaysés à Paris. Je connaissais quelque peu le capitaine Charles Fleuriot. Il entra un matin chez moi sans dire gare, en homme qui ne s'amuse pas aux bagatelles de la porte.

— Est-ce qu'il y a du nouveau, capitaine?

— Oui, du nouveau, me répondit-il. Il ne s'agit plus aujourd'hui de prendre Paris, mais de prendre une femme.

— Je suppose que vous ne venez pas me demander un conseil.

— Je ne viens que pour cela.

— Vous vous imaginez que je donne des consultations.

— Oui, des consultations gratuites. — Voici l'histoire : écoutez bien.

Je passai à mon ami une cigarette et du feu.

— Je vais vous étonner, reprit-il. Je suis amoureux. Il est vrai que j'ai rencontré à Versailles la plus adorable des créatures. Une toute jeune fille ; vous diriez qu'elle est blonde comme une gerbe et blanche comme un lys. Je n'ai jamais rien vu de si joli. Et quelle grâce ! Et quelle douceur ! C'est une rêverie qui marche. En un mot, une femme idéale.

— Oui, il paraît qu'il y en a comme ça.

— Je n'y croyais pas, mais j'ai vu celle-ci et je suis vaincu.

— Si vous êtes vaincu, vous êtes heureux ; il ne vous manque plus que de prendre votre revanche.

— Je crois que nous sommes dans la même chaîne, elle et moi. Savez-vous quel est mon embarras ?

— Parlez.

— Eh bien, mon cher ami, je puis être, à mon

gré, l'amant ou le mari de cette jeune fille. C'est pour cela que je viens en consultation.

— Je ne vous ferai pas attendre longtemps : du moment que vous pouvez être l'amant de cette jeune fille, ce n'est pas la peine d'être son mari.

Une expression d'impatience mal réprimée passa sur la figure du capitaine.

— Vous me répondez par un concetti ; soyez sérieux, parce que je suis sérieux moi-même. J'adore cette jeune fille. C'est une orpheline. Elle est tout cœur et tout âme ; il me semble que ce serait une profanation de la prendre sans l'épouser.

— Mon cher capitaine, vous êtes comme tous ceux qui demandent des conseils. Vous avez votre parti pris et vous ne suivrez les conseils que s'ils s'accordent avec vos désirs.

— Non, je suis de bonne foi ; si vous me dites qu'il n'est pas bien d'épouser une orpheline qui n'a ni famille ni fortune, je n'irai ni à l'église ni à la mairie.

— Mon cher capitaine, ce n'est pas à moi à juger la question d'argent ; je vous dirai pourtant que les robes coûtent très-cher par le temps qui court; mais comme la jeune fille vous dépensera plus si elle est votre maîtresse que si elle était votre femme, vous pouvez vous rattraper par la cérémonie. Pour ce qui est de la question de famille, il y a tant de pour et de contre, que je ne suis ni pour ni contre.

— Eh bien, je ne vous payerai pas cher votre consultation.

— Vous voyez bien que vous aviez pris votre parti avant de venir me voir.

— Peut-être. Voulez-vous être mon témoin?

— Oh! pour cela, non. Si c'était pour un duel à l'épée, je ne refuserais pas, mais pour un duel de mari à femme, jamais. Maintenant, mon cher ami, vous allez peut-être vite en besogne; d'ailleurs, ce n'est guère le moment de se marier. Connaissez-vous votre belle fiancée depuis longtemps?

— Ma fiancée n'est pas ma fiancée, je ne la connais pas depuis longtemps. Je ne la connais même pas du tout, mais je la devine. Je sens bien que si j'attends cinq minutes de plus, il sera trop tard pour qu'elle soit ma femme.

Le capitaine était fou; il n'y avait plus à lui jeter de l'eau sur la tête; rien au monde n'aurait pu l'empêcher d'épouser Mlle Marie Leblanc.

Je lui parlai de sa mère.

Il me répondit que la jeune fille serait l'ange gardien de sa mère comme de lui-même.

Il me fit un tableau touchant de sa vie avec elle. Elle le ramenait aux idées de l'âge d'or.

— Et vous serez mon témoin, me dit-il en terminant, ou plutôt vous serez un des témoins de Marie, car la pauvre enfant n'a plus personne pour la conduire à l'autel.

— Quoi! m'écriai-je, pas même un cousin?

Il se garda bien de parler des deux cousins. Il l'aimait trop pour lui trouver un tort.

— Il y a, reprit-il, une chose qui m'embarrasse, ce sont les lettres de mariage. Je puis bien dire : « Mme Fleuriot a l'honneur de vous faire part du mariage de M. Charles Fleuriot, son fils, avec Mlle Marie Leblanc, » mais comment dire : « Mlle Marie Leblanc a l'honneur de vous faire part de son mariage avec M. Charles Fleuriot? »

— Vous avez raison, mon cher ami; il ne manquerait plus que de mettre même rue, même maison. Après cela, si la jeune fille est un ange, comme vous le dites, qui vous empêche de la mettre, même avant le mariage, sous la protection de votre mère? — Je m'explique : Si vous dites : « Mme Fleuriot a l'honneur de vous faire part du mariage de Mlle Marie Leblanc avec M. Charles Fleuriot, » tout le monde croira que vous avez pris une femme des mains de votre mère.

Le capitaine me serra la main avec effusion, comme si je l'avais tiré d'un mauvais pas. Il me quitta en me disant qu'il allait tout disposer pour son prochain mariage. Sur le seuil, je lui recommandai de tourner trois fois sa langue dans sa bouche avant de dire oui.

Il me dit qu'il ferait mieux que cela ; nous nous rencontrerions ensemble dans le parc de Versailles, au Jardin d'Amour ; et si, en voyant la jeune fille, je ne la trouvais pas digne de lui, il aurait le courage de briser avec elle, quelque chagrin qu'il en ressentit.

La rencontre eut lieu ; quoique je fusse décidé à faire le sceptique, j'avoue que je fus désarmé par la candeur tout angélique de Mlle Marie Leblanc ; son air, son regard, son sourire, sa voix, son attitude, tout exprimait la pureté de l'âme. Cependant je lui trouvai le nez un peu pointu et les lèvres un peu minces, mais rien n'altérait en elle la douceur pudique des jeunes vierges que le péché de curiosité n'a pas encore atteintes.

Le capitaine était si heureux d'ailleurs que je craignis d'assembler des nuées dans son azur. Et puis, ce n'était pas un ami intime. Je n'avais pas trop le droit de venir faire le docteur avec lui. Je me contentai de ne pas me montrer enthousiaste, tout en constatant que la jeune fille était le plus joli pastel qui fût alors à Versailles.

— Oui, mon cher, me dit le capitaine, un joli pastel, mais ce ne sera pas un déjeuner de soleil.

IV.

LE PREMIER QUARTIER DE LA LUNE DE MIEL.

L'ENTRÉE à Paris empêcha le capitaine de se marier à Versailles comme il le voulait. Les événements nous séparèrent. Il ne revint pas me demander à être son témoin, si bien que ce fut par une lettre de faire part que j'appris la cérémonie. M. Charles Fleuriot avait suivi mon conseil : ce fut sa mère qui fit part du mariage de Mlle Marie Leblanc sur la seconde feuille, comme elle faisait part du mariage de son fils sur la première.

Je ne revis le capitaine qu'à l'anniversaire de la bataille de Champigny, où nous assistions tous les deux pour saluer des ombres aimées.

Bien loin de le trouver rayonnant dans son bonheur, je le trouvai pâli et attristé.

— Mon cher capitaine, lui dis-je, pardonnez-moi si je ne vous ai pas écrit quand j'ai appris votre mariage, mais les événements vont si vite qu'on n'a plus le temps d'être à un ami.

Il m'apprit qu'il était très-heureux et qu'il vivait très-retiré.

— Vous avez raison, le bonheur se cache.

Nous nous serrâmes la main et nous nous perdimes de vue. J'ai gardé une impression mélancolique de notre rencontre. Décidément, me dis-je, le bonheur est triste.

Si vous voulez savoir pourquoi le bonheur est triste, nous allons retourner en arrière jusqu'à la lune de miel du capitaine.

Une fois l'insurrection vaincue, il avait été nommé commandant et son simple ruban s'était changé en rosette. Naturellement, ce fut Mlle Marie Leblanc qui lui mit à la boutonnière cette première fleur de pourpre. Il ne voulut pas attendre plus longtemps pour être heureux par le cœur, comme il l'était par l'épée. En moins de quinze jours le mariage fut accompli ; il obtint un congé pour aller à Orange présenter l'épousée à sa mère. Ce fut une vraie joie dans la maison. La mère avait bien vu que sa bru n'était pas riche, mais il ne faut pas tous les biens du monde pour vivre. Et puis la jeune mariée était si jolie! Elle fut saluée comme une aurore dans tout l'arrondissement d'Orange.

Le commandant fit un rapide voyage dans le Midi pour distraire Marie qui, après huit jours de vie familiale, avait paru se rembrunir quelque peu. Mais il eut beau lui montrer les paysages et les monuments, la mer et le rivage, sa femme lui confessa qu'elle avait un peu le mal du pays. Or, son pays c'était Paris.

— Vois-tu, lui dit-elle, tout cela est beau, mais j'ai vu tout cela dans les décors des théâtres.

Il se résigna donc à revenir à Paris au premier croissant de la lune de miel. Heureusement que son régiment était alors à la Pépinière; mais il commença à s'inquiéter du jour où on l'enverrait en province ou en Afrique. Que lui dirait cette jeune femme qui aimait tant Paris? « Tant pis, dit-il, à la guerre comme à la guerre; cueillons l'heure sans souci du lendemain. »

Il avait pris pied avec sa femme aux Champs-Élysées, à l'hôtel Lord Byron, un hôtel où il n'y a guère que des étrangers. Le capitaine voulait qu'on déjeunât et qu'on dînât dans l'appartement, mais Mme Charles Fleuriot n'était déjà plus la violette qui se cache. Elle le pria si bien, qu'on déjeuna et qu'on dîna à table d'hôte.

— C'est si amusant, lui dit-elle, de voir la mine de toutes ces étrangères qui viennent singer les Parisiennes.

Elle fit bientôt cette remarque judicieuse, que si les Parisiennes donnaient leurs modes aux Américaines, les Américaines donnaient leur esprit d'aventure aux Parisiennes.

Le capitaine ne voyait pas grand mal à vivre d'un peu près dans la société étrangère, mais il s'aperçut bientôt que sa femme y prenait trop de plaisir : à table, elle élevait la voix, elle risquait des mots, elle était presque familière; aussi devint-elle en peu de temps l'âme de la maison.

Le commandant dit un soir à sa femme :

— Cette table d'hôte me devient fort désagréable; Dieu me garde d'être jaloux, mais je trouve que cet Espagnol qui est à côté de toi te parle beaucoup trop. Il n'y en a que pour lui. Il n'y en a plus pour moi.

— Eh bien, nous changerons de place, et il n'y

en aura que pour toi, dit Mme Charles Fleuriot avec l'air de la vertu même.

Pendant quelques jours, il ne fut plus question de l'Espagnol, mais un matin, au déjeuner, le capitaine, qui était en retard de quelques minutes, trouva l'Espagnol de l'autre côté, continuant avec Marie la conversation interrompue.

— Tu t'es trompée de place, dit-il à sa femme, sans pouvoir dissimuler son impatience.

La jeune femme ne se le fit pas dire deux fois, elle reprit son ancienne place avec un sourire si charmant que M. Charles Fleuriot regretta d'avoir parlé. Le déjeuner fut très-silencieux. Quand la jeune femme remonta dans sa chambre elle ne cacha pas ses larmes à son mari; aussi lui demanda-t-il pardon de sa brutalité.

— Je t'avais bien dit qu'il ne fallait pas dîner à table d'hôte; si ces gens-là t'amusent, ils m'ennuient furieusement.

— Que veux-tu? je n'ai pas un régiment à commander; je n'ai que mon piano. Si je t'écoutais, je finirais bientôt par ne plus savoir comment on parle.

Le commandant embrassa sa femme.

— Tu as raison, je parle très-peu moi-même,

et je n'ai pas à Paris, ni toi non plus, un seul ami digne d'être reçu chez nous.

— Je ne peux pourtant pas vivre ainsi entre quatre murs.

— C'est vrai, je suis dans mon tort. Ne peux-tu pas descendre au jardin ou te promener aux Champs-Elysées?

— Le jardin, c'est bon pour les enfants; me promener aux Champs-Élysées, oui, si tu me donnais seulement une victoria.

— Une victoria?

— Une victoria à un seul cheval. Je serais si heureuse d'aller au bois! alors tu serais fier de ta femme.

— Crois-tu donc que je n'en suis pas fier?

— Il n'y a pas de quoi, on ne me voit jamais.

— Mais, ma chère, une voiture, c'est à l'usage de ceux qui sont riches ou de ceux qui se ruinent.

— Ta mère a plus de cent mille francs.

— Cent mille francs, voilà une belle poignée d'or! tu ne sais donc pas qu'il y a à peine de quoi vivre cent jours dans les folies du luxe parisien.

— Voilà bien des discours de mari. Avec six

cents francs par mois on a une voiture; ne peux-tu pas faire ce sacrifice pendant deux ou trois mois?

Cette fois, ce fut Mme Charles Fleuriot qui embrassa son mari. Et les chaînes furent si douces qu'il se sentit vaincu.

— Eh bien, oui, demain tu auras ta voiture, mais c'est fini de la table d'hôte.

Le lendemain, on vit apparaître au bois une jeune et fraîche beauté qui semblait une nouvelle venue du monde, plutôt que du demi-monde.

Le commandant l'avait vue partir de la rue Lord-Byron, regrettant de ne pas monter à côté d'elle. Le cheval, la victoria et le cocher étaient stylés à la dernière mode. Le capitaine avait bien fait les choses, en amoureux et en homme de goût.

— Et pourquoi donc, dit-il, la pauvre enfant n'aurait-elle pas son quart d'heure de luxe? quand nous serons en province et qu'elle aura des enfants, elle ne pensera plus à ces vanités-là; Il faut que jeunesse se passe.

Il était attendu à la caserne; il fut libre de bonne heure et se risqua au bois, espérant encore y rencontrer sa femme; il n'était pas fâché, d'ailleurs, de la surprendre pour voir si elle faisait bonne figure dans son carrosse.

Il la reconnut de loin et se cacha sous une touffe de chênaie. Il la vit plus belle que jamais, tout épanouie en son orgueil. Mais quelle ne fut pas sa surprise, en s'apercevant qu'elle envoyait de jolis signes de mains çà et là.

— Elle est donc folle, murmura-t-il.

Il la suivit des yeux et vit bientôt qu'elle souriait, d'un air très-dégagé, à un jeune crevé qui passait à cheval. Comme la victoria allait au pas, il fut bientôt au marchepied.

— Eh bien! madame, lui dit-il, êtes-vous contente?

— Oh! oui, j'étouffais dans ma chambre; ici je respire de toutes mes forces; montez donc à côté de moi.

M. Charles Fleuriot ne se fit pas prier.

Pendant quelques minutes, il la regarda du coin de l'œil pour voir si elle continuait à saluer de droite et de gauche; mais elle se tint coi, dans sa pose de rosière.

Le commandant, qui ne pouvait rien garder sur le cœur, lui demanda à brûle-pourpoint pourquoi elle avait salué celui-ci et celui-là, comme si elle connût tout le monde.

— O mon Dieu! mon cher ami, j'ai jeté deux saluts à deux cavaliers que j'ai vus autrefois, je ne sais plus où, peut-être des amis de mon oncle.

V.

LE SECOND QUARTIER DE LA LUNE DE MIEL.

LE capitaine se donna tort, comme il en prenait l'habitude.

Quelques jours se passèrent; le capitaine avait beau se dire qu'il n'avait aucune raison pour être jaloux, il sentait la jalousie le mordre au cœur; il aspirait au temps où son régiment serait envoyé en province; mais il s'en voulait de ses inquiétudes.

Un jour, la couturière de sa femme lui ménagea une surprise. Une facture de deux mille sept cents francs pour des robes d'été. Quand il montra la facture à Marie, il lui représenta qu'il n'était pas assez riche pour qu'elle eût une pareille couturière.

— Diable! lui dit-il, je ne croyais pas que la vertu fût si cher à habiller.

La jeune femme se mit à pleurer et lui demanda s'il voulait qu'elle allât toute nue; elle se plaignit de manquer de tout, elle n'avait que quatre paires de bottines et huit chapeaux.

Jusque-là, le capitaine n'avait rien vu de ce désordre nouveau-né.

A la caserne il se montra un peu plus ferme, mais à la maison il se montra un peu plus lâche; sa colère se fondait à son amour; dès qu'il élevait la voix, d'ailleurs, Marie se jetait à son cou et le désarmait.

— Ma foi, tant pis, disait-il, le bonheur coûte cher; il faut bien payer son bonheur.

Il écrivit à sa mère pour lui faire le tableau des dépenses d'un jeune ménage. La mère, qui n'avait rien mis dans la corbeille de noce, envoya dix mille francs, sans trop se faire prier. Par malheur, les dix mille francs n'arrivèrent que pour payer les dettes.

— Je serais tout à fait heureuse, dit un matin la femme au mari, si tu voulais me conduire à Trouville, ce qui te mettrait à la mode.

—A la mode! je suis un soldat et pas un crevé.

— Mais comment passer tout l'été à Paris?

— N'as-tu pas une voiture pour aller au bois?

— Qui est-ce qui va au bois, aujourd'hui?

— Tu sais bien que j'ai eu un congé et que je n'en puis demander encore un.

— Tu diras que c'est pour aller à Amélie-les-Bains, à cause de tes blessures.

— Je t'admire, tu ne t'embarrasses de rien.

Mme Charles Fleuriot leva les bras pour embrasser son mari.

— N'est-ce pas que tu n'auras pas le courage de me refuser?

Le commandant refusa une première fois, mais, à la troisième fois, Marie fut victorieuse. Il fut convenu qu'on irait à Trouville.

Dès le lendemain de l'arrivée, M. Charles Fleuriot s'aperçut qu'il avait fait une bêtise; sa femme, sous prétexte de s'habiller en robe de toile, avait commandé toute la série des costumes de bains. Quatre par jour en les renouvelant deux fois par semaine. On avait rendu la voiture à Brion par mesure d'économie, mais il avait bien fallu en louer une à Trouville, qui coûtait le double.

Le commandant écrivit une seconde fois à sa mère, il se garda bien d'accuser sa femme, mais il s'accusa lui-même : il inventa des dettes qu'il n'avait pas faites avant son mariage; il avait espéré cacher cela à sa mère, mais il voyait bien qu'avec sa solde, il n'arriverait pas à payer ses créanciers, voilà pourquoi il demandait encore dix mille francs. La bonne femme se laissa prendre, mais avec un premier avertissement représentant à son fils qu'à ce train-là, la petite fortune serait bientôt dissipée.

Le commandant avait demandé un nouveau congé pour aller à Trouville, grâce au colonel qui l'aimait beaucoup et qui ferma les yeux sur ses absences, lui disant à lui-même que l'air de la mer lui ferait beaucoup de bien. On le trouvait plus pâle depuis quelque temps; on était loin de s'imaginer que les vraies blessures qui altéraient sa santé, c'étaient les blessures du mariage.

VI.

PROMENADE A HOULGATE.

Monsieur Charles Fleuriot passait une semaine à Trouville et une semaine à Paris. Il eût été ravi de cette vie un peu trop mondaine, si son cœur n'eût été atteint par les plus tristes pressentiments. Il y a des gens qui souffrent de l'avenir, comme il y en a qui souffrent du passé.

Une après-midi, comme il arrivait de Paris, un jour plus tôt qu'il n'avait dit, il ne trouva pas sa femme au chalet; on lui apprit qu'elle était partie dès l'aurore dans sa voiture.

— Toute seule? demanda-t-il.

— Oui, toute seule dans la victoria; mais elle

était en compagnie de quelques-uns de ces messieurs qui la conduisaient à Houlgate.

— Ces messieurs! quels messieurs?

— Je ne sais pas. Des messieurs que j'ai vus se promener avec madame devant la mer.

Le commandant furieux alla fumer un cigare sur la plage.

Le cigare porte conseil; il prit la route d'Houlgate, comme s'il dût rencontrer la jeune femme; il marcha vite, entraîné par la jalousie; il fit un quart de lieue, une demie-lieue, une lieue, sans rencontrer Marie.

Il allait rebrousser chemin, quand il reconnut le cheval qui débusquait au tournant de la route.

— Comment! s'écria-t-il, il y a un homme avec ma femme!

Il marcha droit à la victoria comme s'il marchait à l'ennemi. Lui et le cheval furent bientôt tête à tête.

— Mon mari! dit la jeune femme à son compagnon de voyage.

Il la regarda tout pâle d'effroi. Car ce n'était pas un soldat celui-là.

Il appartenait à la série des jeunes gens qui

mangent leur fortune avec les femmes et qui vont aux eaux pour retrouver une autre fortune par les femmes : la femme légitime devant payer les dettes de la maîtresse légitime.

Celui-là s'appelait Georges Harisson, fils d'un banquier de province. Il était venu jeter son feu à Paris. Trois cent mille francs, mangés en trois ans, lui avaient donné droit d'asile dans le demi-monde ; comme il se sentait bientôt à bout de ressources, il était venu à Trouville dans le fol espoir d'y séduire une héritière par son art de monter à cheval, de nager et d'exprimer la mode. En attendant, il était en conversation quasi-criminelle dans la victoria de Mme Charles Fleuriot.

M. Georges Harisson avait pâli devant le commandant, mais Mme Charles Fleuriot avait conservé sa chaste sérénité.

— Monsieur, que faites-vous ici ? dit le commandant au jeune homme.

Ce n'était pas un lâche ; sans doute il allait répondre avec quelque dignité, quand la jeune femme dit à son mari de l'air du monde le plus simple :

— Mon ami, c'est mon cousin.

C'était le troisième cousin.

— Ah! par Dieu! c'est trop de cousins comme cela, madame!

M. Georges Harisson était descendu à terre.

— Monsieur, je vous cède la place.

— Vous me cédez la place! dit M. Charles Fleuriot en levant son gant.

— J'ai compris, Monsieur, dit le jeune homme, voici ma carte.

Le capitaine prit la carte et la jeta aux pieds de sa femme, tout en montant dans la victoria.

— Allez vite! dit-il au cocher.

Et se tournant vers la jeune femme :

— Voulez-vous m'expliquer, Madame, cette comédie d'un troisième cousin?

Et il la regarda comme s'il fût au spectacle, devant une grande comédienne.

Et en effet, ce jour-là comme toujours, elle fut une grande comédienne. Elle lui conta, avec l'accent le plus pur de la vérité, qu'il n'y avait pas grand mal à aller se promener à Houlgate ; que parmi les jeunes gens qui y étaient allés ce jour-là, en même temps qu'elle, M. Georges Harisson avait fourbu son cheval. Elle le croyait son cousin, parce que son oncle l'appelait |mon cousin ; il lui avait demandé l'hospitalité en plein jour pour revenir à Trouville ; elle ne voyait rien à blâmer dans cette action ; elle était désespérée que le commandant ne prit pas bien les choses quand elle l'aimait profondément.

Il n'y avait pas un mot de vrai.

— Je vous admire dans votre trahison, lui dit le commandant qui se tint à quatre pour ne pas jeter sa femme hors de la voiture. Quoi ! ce masque d'innocence cachera toutes les perversités, sans jamais accuser la moindre émotion ; vous faites le mal comme si c'était la chose du monde la plus naturelle. Ah ! tenez, Madame, je ne sais pas de créature plus infâme que vous, parce que vous prenez la figure de la vertu, quand vous n'en avez que le masque.

La jeune femme regarda son mari avec son air de candeur inaltérable.

— Vous êtes fou, Monsieur, je ne comprends pas un mot à tout ce que vous dites.

— Eh bien ! je vais m'expliquer : Vous avez odieusement trompé mon esprit et mon cœur. Je me suis laissé prendre dans mon illusion aux mensonges de ce visage. Je suis descendu jusqu'à vous épouser. Ce sera la honte de ma vie, c'est déjà la honte de mon nom. Ce troisième cousin est pareil aux deux autres. Je le vois bien, à Versailles comme à Paris, comme à Trouville, vous m'avez trahi indignement comme la dernière des drôlesses.

La jeune femme se leva à moitié.

— Monsieur, voilà un mot qui vous coûtera cher, dit-elle d'une voix aigëu.

Il sembla au commandant qu'il recevait un coup d'épée dans le cœur.

— Que voulez-vous dire, madame ?

La jeune femme ne répondit pas à son mari ; elle fit signe au cocher d'arrêter.

La voiture était à peine au pas qu'elle sauta sur la route en disant au commandant :

— Adieu, Monsieur.

— Bonsoir, madame, murmura le commandant furieux de ne pas continuer son sermon.

On exprimerait mal la colère et la douleur de ce brave homme ; il adorait cette femme, mais il était trop fier pour la rappeler ; d'ailleurs pourrait-il lui pardonner cette dernière trahison ?

Mille idées opposées se combattaient dans son esprit.

Quand la voiture se fut éloignée, il tourna la

tête. La jeune femme abattait des têtes de chardons avec son ombrelle.

— Voyons si elle me regarde, pensa le commandant.

Ce n'était pas lui qu'elle regardait, c'était son amant.

— La cruelle! dit M. Charles Fleuriot.

Cet homme d'acier qui n'avait pas pleuré quatre fois depuis son enfance éclata en sanglots.

— La cruelle! J'avais bâti tant de bonheur sur ce rêve insensé! Cette figure d'ange m'avait fait croire au ciel. Je m'étais bercé dans toutes les illusions. Je trouvais cela bien de sauver de tous les dangers une orpheline pauvre et seule. Quand je pense que j'ai cru à son amour! Je ne devais même pas croire à sa reconnaissance. Enfin c'était un enfer et j'en suis sorti.

Le commandant ne s'avouait pas encore que cet enfer c'était sa vie.

Il s'inquiéta de tout le ridicule d'un duel, dans ce Trouville, qui est tout à la fois Paris et la province; caquetages d'un côté, commérages de l'autre, sans compter les reporters.

— Ce duel inévitable, dit-il en frappant du pied, va apprendre à l'univers que j'ai épousé une catin. Comment ai-je été assez lâche pour céder à tous les caprices de cette femme? Est-ce que je n'aurais pas dû la contraindre à vivre dans sa maison?

Mais tout en s'indignant contre lui, le commandant sentait déjà le pardon qui lui montait au cœur.

VII.

HISTOIRE D'UNE DROLESSE.

Un peu avant de rentrer à Trouville, le commandant ordonna au cocher de retourner sur ses pas. Il se dit que si sa femme était retournée à son compagnon de voyage, il la répudierait à jamais, mais que si, au contraire, elle s'en revenait sans cet homme, il la ferait remonter en voiture avec lui, se promettant bien de mettre des conditions à ce rapatriage. C'en serait fait de tous les caprices de Madame : elle rentrerait au foyer conjugal dans la résignation d'une repentante qui comprend enfin les devoirs sévères de l'épouse.

Il ne fut pas peu surpris de rencontrer

M. Georges Harisson qui, lui aussi, abattait des têtes de chardons avec sa canne.

— Qu'est-ce que cela veut dire, se demanda-t-il?

Il ne devait jamais savoir ce qui s'était passé. Voici l'histoire en deux mots :

Dès que la jeune femme avait vu son mari disparaître sur la route, elle avait marché résolument vers son amant.

— Tu sais ce qui m'arrive? lui dit-elle en l'abordant. Il m'a injuriée et je l'ai planté là.

— Je crois plutôt, ma chère amie, que c'est le commandant qui t'a plantée là.

— Encore une fois, je te dis que c'est moi. Aussi, mon parti est pris; quoi qu'il fasse, je ne retournerai pas avec lui.

— Où iras-tu? lui demanda froidement Georges Harisson.

Cette fois la figure — de la vertu même — marqua l'orgueil blessé.

— Où j'irai? C'est toi qui me demandes cela? J'irai chez toi.

— Allons donc! tu sais bien que c'est impossible. Je me battrai demain avec ton mari. Je ne veux pas aggraver la situation.

Mme Charles Fleuriot regarda son amant en face.

— Vous êtes un lâche, lui dit-elle : vous me voyez abandonnée, là, sur la route, et vous passez votre chemin.

— Et bien, Madame, puisque je suis un lâche, oui, je passe mon chemin.

Là-dessus, il prit les devants.

La jeune femme ne pouvait en croire ses yeux ; elle le regardait s'éloigner, convaincue qu'il allait revenir à elle.

Mais point. Au contraire, plus il s'éloignait, plus il accentuait le pas, comme un homme bien décidé.

Ce que Marie Leblanc avait dit à son mari, elle le dit de loin à son amant.

— Vous me paierez cher ce mot-là.

Georges Harisson ne s'inquiétait plus de la femme, il ne s'inquiétait que du mari. Son duel le préoccupait trop pour qu'il s'amusât encore à la galante aventure, d'autant plus que Marie Leblanc n'était pour lui qu'un simple caprice qu'il ne voulait pas perpétuer. Il avait déjeuné avec elle à Houlgate, le dessert avait été fort joyeux, il ne tenait pas à aller plus loin dans son bonheur, à l'inverse du commandant.

Marie Leblanc n'était d'ailleurs pas plus en peine que cela. On lui avait dit beaucoup de douceurs à Trouville; elle ne doutait pas que, si son mari et son amant lui manquaient à la fois, elle ne retrouvât un amoureux pour prendre la succession.

Aussi quand le commandant la rencontra sur la route, à deux portées de fusil de Georges Harisson, il lui trouva sa figure accoutumée, l'expression du calme et de la douceur. Elle contenait les tempêtes de son âme, comme les falaises arrêtent la mer, sans sourciller; ou plutôt Dieu l'avait faite si inconsciente qu'il n'y avait pas dans son cœur la moindre place pour le remords; elle faisait le mal avec un naturel merveilleux, ne s'étonnant de rien et s'abandonnant à toutes ces aspirations avec une insouciance musulmane. On pouvait s'étonner d'une chose quand on la connaissait bien, c'est qu'elle fût si familière au mensonge, mais le mensonge est bien plus près de la nature que la vérité; le mensonge, c'est l'armure des faibles et des timides, c'est l'armure des femmes, tandis qu'avec la vérité, il faut qu'elles aillent au combat le sein nu.

Marie Leblanc n'obéissait donc pas à une seconde nature; elle y allait bon jeu bon argent, amoureuse du nouveau, folle de bruit et de luxe, plutôt encore que folle d'amour. Cette figure qui exprimait la pudeur était en contradiction flagrante avec son corps et avec son âme : elle se donnait sans retenue, comme les esclaves d'Orient : Vous me voulez, me voilà. En un mot, c'était un joli monstre de candeur.

Pourquoi avait-elle épousé le capitaine Charles Fleuriot?

Parce qu'il avait voulu l'épouser. Elle avait subi cette volonté de soldat, sans entrainement, mais sans défense. Et puis cela l'amusait de se marier une fois, surtout avec un homme d'épée, qui avait la croix au temps où l'armée était à l'ordre du jour.

Jusque-là elle avait vécu des hasards de la vie galante, passant de l'un à l'autre sans qu'elle s'en aperçût, parce que pour ce cœur sans passion, un homme était toujours un homme.

L'histoire de son oncle était un conte comme toutes ses histoires. Ce conte lui avait été inspiré par l'existence de sa mère, qui vivait hors mariage, moitié femme moitié servante, avec un vieux colonel qui avait permis à sa fille de prendre des leçons de piano pour en donner.

Mais elle n'en avait jamais donné ; à seize ans, elle s'était éclipsée de la maison pour aller vivre de son côté, hors mariage, avec un flûtiste de Valentino ; du flûtiste elle s'était élevée jusqu'à un prince moldave qui l'avait, comme on dit dans les ateliers, mise au point.

La chrysalide était devenue papillon.

Il n'y avait au monde, dans tout Paris, que le capitaine Charles Fleuriot qui ignorât les faits et gestes de la demoiselle quand elle devint sa femme.

On parla peu de ce mariage, parce que le capitaine n'était pas connu dans le monde du boulevard ; peu à peu, quand la jeune femme commença à reparaître au bois, en compagnie de son mari, nul ne voulut croire que le sacrement eût passé par là ; si bien que cet homme, à juste titre si fier de son épée, ne voyait pas dans quel abime il était tombé.

Quand il fut retourné près de sa femme, il descendit de voiture et alla à elle.

— Marie, lui dit-il, pour la dignité de mon nom, il faut que vous rentriez avec moi à Trouville.

— Vous venez d'autant plus à propos, dit-elle avec sa douceur accoutumée, que je ne me sentais plus le courage d'aller à pied.

Repris à tout le charme de cette voix adorée et maudite, le commandant donna la main à sa femme devant le marchepied.

— A la bonne heure, reprit-elle avec son sourire des meilleurs jours, je vous retrouve comme avant votre départ pour Paris.

— Depuis mon départ, que s'est-il passé? Dites-moi toute la vérité.

— Rien que ce que vous avez vu.

Marie Leblanc regarda son mari avec des yeux couleur du ciel.

M. Charles Fleuriot, qui voulait se reprendre à ses illusions, doutait déjà de la trahison de sa femme. Il pensa qu'après tout c'était son innocence même qui la perdait à ses yeux. Si elle était coupable, n'aurait-elle pas toutes les rouéries de celles qui cachent leur jeu. Une femme coupable se fût-elle hasardée en plein jour à donner l'hospitalité, dans une voiture découverte, à son amant?

— C'est égal, pensait le commandant, elle a trop de cousins.

A Trouville, on dîna en arrivant, sans trop rompre le silence :

— Sortons-nous ce soir? demanda la jeune femme à son mari en se levant de table.

— Oui, si vous voulez, pour rencontrer votre troisième cousin.

— Vous en êtes encore là, je croyais que tout était oublié.

— Je n'oublie pas, madame.

Marie Leblanc prit une bougie et monta dans sa chambre.

— Où allez-vous, madame?

— Je vais au bal du Casino, vous savez que c'est aujourd'hui fête.

— Oui, c'est aujourd'hui fête!

Le commandant resta à fumer dans la salle à manger, se demandant s'il était possible que sa femme oubliât si vite.

— Elle n'a donc rien dans la tête, ni dans le cœur? Et pourtant, dans nos causeries, elle prouve, à chaque instant, une intelligence hors ligne; elle a le coup d'œil rapide et juste; quand je lui parle, elle devine avant d'entendre. Cette femme est de l'hébreu pour moi.

Le commandant monta pour voir si sérieusement elle mettait une robe de bal. Il la trouva à moitié nue, assise devant une psyché et se coiffant avec des fleurs naturelles. Il la vit ainsi de dos et de face, par la réflexion du miroir. Jamais elle ne lui avait semblé si jolie. Elle se souriait à elle-même, en vraie coquette qui s'étudie.

Le magnétisme fut plus fort que la fierté : le commandant alla doucement à sa femme, croyant qu'elle ne le voyait pas ; dès qu'il fut au-dessus d'elle, il se pencha pour lui baiser l'épaule. Mais elle l'avait vu, et, par un rapide mouvement, ses lèvres se trouvèrent sous celles de son mari.

— Non, dit-il en reprenant sa raison, je ne veux pas être un Jocrisse. Je ne me laisserai pas désarmer ainsi.

La jeune femme s'était remise à arranger ses cheveux, comme si de rien n'était.

— Voyons, lui dit son mari, jure-moi devant Dieu que tu es toujours ma femme.

Marie Leblanc retourna la tête.

— Mais si je n'étais pas digne de vous, est-ce que je serais là ?

— En effet, murmura le commandant, à moins que tu ne sois la dernière des créatures.

On s'embrassa; c'était le paraphe de la réconciliation.

— Mais tu n'iras pas au bal.

— Si tu m'aimes, j'irai au bal; d'ailleurs, je n'y vais que pour toi. Que dirait-on, si on ne m'y voyait pas?

Le mari était tout-à-fait regagné à cette mauvaise cause.

— Tu as peut-être raison, dit-il tout haut. Il se dit tout bas :

— Décidément j'ai eu tort de prendre les choses au tragique. La meilleure preuve qu'elle n'est pas coupable, c'est qu'elle veut aller à ce bal.

Marie lui représenta qu'il avait trop d'esprit pour ne pas tout oublier, même le duel. En effet, ce duel la ferait soupçonner, et elle ne voulait pas que la femme du commandant fût soupçonnée. Il ne fallait, selon elle, se battre avec M. Georges Harisson que s'il devenait impertinent.

Naturellement M. Charles Fleuriot accompagna sa femme. Elle fut, ce soir-là, plus charmante que jamais; elle éclipsa les plus belles, par je ne sais quel rayonnement qui éclatait sur sa figure.

M. Georges Harisson parut un instant à la fête, mais dès qu'il vit le commandant et sa femme, il s'en alla rejoindre les joueurs en murmurant : Malheureux en amour, heureux au jeu.

Le commandant fut ce soir-là le plus heureux des hommes.

C'est que le bonheur ne vient jamais qu'après la tempête. C'est l'arc-en-ciel sur l'orage.

VIII.

L'ABYME.

Mais M. Charles Fleuriot n'eut pas longtemps le cœur content. Même avant le départ de Trouville, il s'aperçut encore une fois que Marie se hasardait beaucoup trop dans les aventures; elle avait horreur de la maison, ou plutôt sa maison c'était le casino; elle ne respirait que là.

Ce fut pour son mari tout un autre supplice au retour à Paris où elle reprit ses allures mondaines : le bois, le théâtre, le concert des Champs-Élysées, tous les plaisirs de l'été. Et plus que jamais les aspirations au haut luxe : elle commençait à parler de diamants; elle allait faire son tour au musée Worth donnant des conseils à la Mode ; elle parlait des attelages de Mme Musard et de Mme de Païva.

Son mari en avait le vertige ; tout le monde se demandait comment un homme d'un caractère altier, dont la figure sévère respirait l'énergie, un soldat qui avait vingt fois bravé la mort et qui avait l'habitude du commandement, pouvait obéir, tête baissée, à toutes les fantaisies impertinentes de cette poupée. Un de ses amis se hasarda un jour à quelques timides représentations, comme s'il fût l'avocat de l'opinion publique ; mais M. Charles Fleuriot reçut si mal son ami, que nul ne songea à lui dessiller les yeux. Naturellement le chapitre des dettes s'aggravait de jour en jour ; le commandant ne savait plus où donner de la tête. Écrire à sa mère c'était la faire mourir de chagrin ; ne pas payer, c'était faire crier bien haut autour de lui. Il trouva un prêteur à la petite semaine, qui, moyennant l'abandon de 50,000 francs sur l'héritage de sa mère, lui ouvrit un crédit de 25,000 francs.

— Pauvre femme ! dit-il en pleurant devant le petit portrait de sa mère ? Toi qui as eu tant de peine, chaque jour de ta vie, pour me faire cette petite fortune, si tu savais comme on la gaspille en quelques tours de robe.

Ce jour-là, il entra dans la chambre de sa femme et lui présenta des chiffres.

— Écoute, lui dit-il, je vais avoir de l'argent pour payer tes dettes, — je veux dire nos dettes, — mais cet argent me coûte bien cher. Je t'en supplie, que ce soit un dernier avertissement à tes folies.

— Mes folies! mais je suis la femme du monde la plus économe; voilà trois fois que Mme Laferrière me rajuste une robe.

— Oui! je connais cela; c'est comme le couteau de Janot.

— Mes folies ! je ne connais pas une femme plus simple que moi; il y a huit jours que je n'ai acheté de bottines; mon chapeau date du mois passé et je ne change de chemise que le matin et le soir

— Je crois bien, tu es toujours en voiture.

— Oui, la voiture, parlons-en ; il faut à toute force que tu me donnes une victoria à deux chevaux, car dans cette victoria à un cheval j'ai l'air d'une cocotte.

— J'y ai pensé, ma chère amie; tu n'auras

plus de voiture du tout, c'est le plus sage moyen de ne pas ressembler à une cocotte.

— Moi j'irais à pied ! allons donc ! tu m'aimes trop pour me soumettre à une pareille épreuve.

La conversation dura longtemps sur ce ton-là ; mais, comme on dit, tout se passa en conversation. Le mari eut beau affirmer qu'il imposerait sa volonté, la femme réserva tous ses droits à la dépense, sinon elle aimait mieux mourir.

Mourir ou se séparer !

C'était la première fois que ce mot de séparation venait sur ses lèvres. Le mari s'indigna mais la femme maintint le mot, disant, qu'une femme comme elle n'était pas née pour vivre dans un coin en filant de la laine. Déjà plusieurs fois, elle avait hasardé cette théorie que les femmes qui sont belles ont une destinée, tant pis pour celui qui ne les comprend pas.

Le commandant, à bout de logique, parce qu'il n'y a pas de logique qui tienne devant celle des femmes, remit sa volonté dans le fourreau, tout en disant : advienne que pourra.

Il était d'ailleurs attendu au quai d'Orsay ; il quitta brusquement sa femme, lui prenant une heure de sa voiture, — pour se prouver à lui-même, — sinon à elle, — qu'il était toujours le maître.

Quand il arriva au quartier, le colonel lui montra un petit revolver et lui apprit qu'un de ses hommes, un engagé volontaire, venait de se tuer d'un coup au cœur, par désespoir d'amour.

— Il est bien heureux! murmura le commandant.

IX.

LA MÈRE ET LA FEMME.

Ce fut vers ce temps-là que le commandant reçut une lettre lui annonçant que sa mère était au plus mal. Il partit le soir même pour Orange.

— J'irai ce soir, à Notre-Dame-des-Victoires, prier pour ta mère, dit la jeune femme à son mari.

Quand il arriva à Orange, il rencontra le médecin.

— Elle est perdue; mais vous arrivez à temps, lui dit cet homme, qui l'avait bercé sur ses genoux.

— Que lui est-il donc advenu, mon cher docteur?

— Je vous aime trop pour ne pas tout vous dire : Vous avez, sans vous en douter, causé de grands chagrins à la pauvre femme; non-seulement vous lui avez demandé plus d'argent qu'elle ne pouvait vous en donner, pour sa petite fortune; mais il est arrivé ici ces jours derniers une opposition avec hypothèque, pour 50,000 francs qu'on vous a prêtés à Paris ; ça été le dernier coup pour votre mère.

On eût fusillé le commandant, sans le frapper plus violemment que les paroles du vieux médecin.

— Quoi, dit-il avec désespoir, c'est moi qui ai tué ma mère!

— Je ne dis pas cela, mon ami; mais vous savez qu'à son âge les questions d'argent donnent les plus fortes émotions. L'argent, voyez-vous, c'est le dernier ami des vieillards, surtout lorsqu'ils n'ont, comme la bonne Mme Fleuriot, pour toute famille qu'un fils absent.

Le commandant courut chez sa mère; elle était à sa dernière heure, mais il ne put la croire si près de sa fin.

— Ma mère, dit-il, en tombant agenouillé devant le lit.

— Ah! c'est toi mon pauvre Charlot. Dieu est bon, puisque je te revois avant de mourir.

— Vous n'allez pas mourir, ma mère ; je vous aime trop pour vous perdre.

— Que veux-tu que je fasse plus longtemps toute seule, et à moitié ruinée, quand tu n'es jamais là?

— O ma mère, ma mère, ne me dites pas cela ; pourquoi vous inquiéter de la question d'argent?

— Je ne m'en inquiète que pour toi, car il paraît que tu fais de bien mauvaises affaires à Paris.

— O Marie! murmura Charles Fleuriot.

Ce qui ne l'empêcha pas, une demi-heure après, d'envoyer une dépêche à sa femme.

La mère avait voulu que son fils déjeunât devant son lit ; il avait consenti à prendre une tasse de chocolat, en compagnie du médecin qui était survenu.

Cette arrivée inattendue redonna des forces à Mme Fleuriot.

— Je me sens mieux, dit-elle au médecin.

Mais c'étaient des forces factices, car elle expira presque aussitôt.

Ce fut une profonde douleur pour le commandant; il avait toujours eu pour sa mère une vraie religion, car elle lui avait fait comprendre toutes les vertus de la femme.

Aussi, dans cette atmosphère toute familiale, il ne comprenait pas ses lâchetés devant Marie Leblanc.

Ce qui ne l'empêcha pas de lui envoyer une seconde dépêche, puis une troisième, puis une quatrième.

Après les funérailles, il fut retenu pour la succession, non pas qu'il voulût toucher tout de suite à cette fortune, qui avait pour lui quelque chose de sacré ; il lui semblait qu'il n'eût pas le droit d'y penser sitôt ; mais sans doute celui qui lui avait prêté 25,000 francs avait été averti, car il fit poser les scellés le lendemain même de la mort de Mme Fleuriot, ce qui fut un nouveau chagrin pour le commandant. Bon gré, malgré, il lui fallut rester quelques jours de plus.

— C'est d'autant plus triste, lui dit le notaire, que si vous ne vous arrangez pas avec votre prêteur, il fera tout vendre dans de mauvaises conditions ; la justice mettra la main là-dessus ; qui sait ce qui vous restera.

— Quoi ! s'écria Charles Fleuriot, tout est mis sous les scellés? c'est une injure à la mémoire de ma mère. Je n'ai pas même le droit d'emporter un souvenir de la maison !

Quand il revint à Paris, il ne désespérait pas d'attendrir sa femme par ses larmes.

— Au fond, se disait-il, ce serait la meilleure créature du monde si on pouvait la toucher par une forte émotion.

Un méchant philosophe, qui était un philosophe méchant, a dit que la bonté était voisine de la bêtise ; c'est le philosophe qui fut une bête d'avoir dit cela. La bonté est l'essence même de l'esprit, elle en est le dernier mot. Les imbéciles sont mauvais. Le commandant avait l'esprit de la bonté, ou la bonté de l'esprit. Le soldat était terrible, le sabre à la main, mais l'homme avait la douceur d'une femme. Il n'y avait pas de nature plus compatissante et plus charitable ; il souffrait de toutes les misères des autres et donnait plus qu'il ne pouvait. Il avait des superstitions d'enfant pour faire le bien ; on lui reprochait un jour trop de générosité, sachant qu'il n'était pas riche : « Allons donc, dit-il, comme pour s'excuser, je n'ai pas la vertu de la charité, car je donne par superstition. Je me figure que ma destinée en sera meilleure. »

Ce matin-là, en descendant du chemin de fer, il avait rencontré un pauvre et lui avait donné cent sous en souvenir de sa mère. Et revenant sur ses pas, comme s'il voulait que tout le monde fût content, il avait donné cent sous de plus en pensant à sa femme. Pieuse illusion d'un cœur aveugle.

La femme de chambre lui ouvrit la porte. C'était le matin, vers six heures. On était à peine au point du jour. Il alla droit au lit de Marie, avec le bougeoir de la femme de chambre.

— Eh bien! où est-elle? dit-il en cherchant des yeux sur le lit, sur le canapé, jusque dans le cabinet de toilette.

Le lit n'était pas défait; il appela la femme de chambre.

— Où est madame?

— Madame est sortie.

— Comment! madame est sortie! A quelle heure?

— Hier.

— Hier?

— Oui, hier, à l'heure du dîner, après avoir

lu votre dépêche. Elle est peut-être partie pour aller vous retrouver.

Le commandant se rappela que la veille il avait envoyé une dépêche à sa femme, où il lui disait qu'il serait encore retenu quelques jours à Orange.

— C'est cela, dit-il, nous nous serons croisés en route.

X.

LE LION AMOUREUX.

LA femme de chambre se retira; le commandant demeura seul, en se demandant s'il retournerait à Orange. Il décida qu'il enverrait un télégramme à sa femme, car il ne pouvait pas supposer qu'elle fût ailleurs que sur la ligne de Paris à Marseille. Comme il s'irritait devant ce contre-temps, il s'approcha de la cheminée, où il voyait des cartes et des lettres; il trouva la carte de son colonel et de deux de ses amis; mais il trouva aussi la carte de M. le comte d'Embrun, qu'il ne connaissait pas du tout.

— Qu'est-ce encore que celui-là? se demanda-t-il avec un mauvais pressentiment.

Il lut les lettres. La première était un mot très-sympathique de son général sur la mort de sa mère; il la relut deux fois avec des larmes dans les yeux. Mais la seconde lettre sécha ses larmes : c'était un billet doux de ce même comte d'Embrun.

« Ma chère Marie,

« Je vous ai attendue hier et je vous attends
« aujourd'hui. Nous dînerons chez moi dans
« cette petite chambre bleue que vous aimez
« tant. Mon coupé vous prendra comme toujours
« à deux portes de la vôtre. S'il faut vous recon-
« duire à minuit, je vous reconduirai, mais j'es-
« père bien vous faire oublier l'heure.

« Comte d'Embrun. »

Le commandant relut aussi cette lettre une seconde fois. Il croyait rêver, il ne savait plus où il en était. Toutes les histoires de sa femme n'avaient pu faire la lumière dans son esprit, tant il voulait vivre dans ses illusions; mais cette fois il n'y avait plus à douter.

— Quoi! dit-il en chiffonnant la lettre et en la jetant à ses pieds, quoi! cette malheureuse femme, à qui j'ai toujours pardonné, elle me trahit jusque dans cette heure de désespoir où je perds ma mère. Et moi, j'ai été aveugle, toujours aveugle, à ce point que je n'y puis croire encore. Quoi! elle m'a ruiné, elle a fait mourir ma mère de chagrin et elle a le courage d'être infâme aujourd'hui! O mon Dieu! qu'ai-je donc fait pour être frappé si cruellement? O ma mère! ma mère!

Il éclata en sanglots. Il sentait que c'en était fait de lui; il pensa à ce soldat de son régiment qui s'était tué d'un coup de revolver pour un chagrin d'amour.

— Lui, au moins, dit-il, n'avait pas été la cause de la mort de sa mère!

Le commandant envisagea sa destinée. Il pensa que jusqu'à l'apparition de Marie Leblanc à Versailles, il avait mené la vie d'un homme d'honneur.

Oui, avec ses airs angéliques, cette femme l'avait jeté dans l'enfer; il n'avait plus vécu que de ce terrible amour, qui était comme le châtiment d'une mauvaise action.

Et pourtant il ne pouvait s'empêcher de penser à cette adorable figure qui trompait tous les yeux, aux premières joies de son cœur quand elle lui souriait de son sourire tout divin, au rayonnement de son âme, quand elle venait comme une jeune folle se nicher dans ses bras ou s'asseoir sur ses genoux. Il se demandait si Dieu avait permis que l'amour renfermât ainsi tous les délices et tous les désespoirs.

Après avoir appelé sa mère en levant les bras, le commandant se surprit à appeler Marie. Ce n'était certes pas l'épouse qui le trahissait alors, c'était la jeune fille à ses premiers embrassements; mais il avait beau vouloir dégager la jeune fille de la femme, n'était-ce pas la même créature?

Il le sentit bien, car il s'indigna contre lui-même pour tant de lâchetés; il se demanda si l'amour n'était qu'une folie, si la passion effaçait du cœur tous les autres sentiments, si l'homme qui est pris corps et âme à l'amour d'une femme n'a plus conscience de lui-même.

Il se frappait le cœur et il se frappait le front. Un mortel ennemi qui l'eût vu dans cette crise douloureuse se fût laissé toucher jusqu'à lui donner la main : il n'y avait pas alors sur la terre un homme aussi malheureux que lui.

Qui ne s'attendrirait à la vue d'un galant homme qui a toujours porté haut son épée et son nom, qui souffre à la fois toutes les douleurs et toutes les angoisses quand il n'a pas âme qui vive pour le consoler!

— C'est bien la peine, dit-il avec un sourire amer, d'être revenu de trois ou quatre batailles où je pouvais mourir glorieusement.

Le commandant pensa à aller surprendre sa femme chez le comte d'Embrun pour en finir par une tragédie.

Il tuerait le comte, il tuerait sa femme et il se tuerait lui-même.

— Non, dit-il, un homme comme moi ne tue pas une femme.

Il sentait d'ailleurs que si Marie le regardait avec ses beaux yeux, il serait désarmé, quelle que fût sa colère.

Il n'avait jamais été maître de lui devant cette femme; il ne pouvait se soustraire à ses maléfices, lui qui n'avait peur de rien, lui qui se fût jeté dans la mêlée un jour de bataille, un contre dix, lui qui avait été mis à l'ordre du jour avec ces mots glorieux : « Le capitaine Fleuriot s'est battu comme un lion. » Eh bien, il était devenu le lion amoureux, sans griffes et sans dents, devant celle qui lui avait coupé les griffes et arraché les dents. C'était comme une malédiction.

XI.

LA DOT D'UN ANGE.

IL se laissa tomber sur un fauteuil devant la cheminée sans feu, ne sachant plus ce qu'il allait faire.

Le jour était venu; le bougeoir brûlait toujours, comme un cierge devant un mort, quand sa femme ouvrit la porte. Il la reconnut au bruit de sa robe, mais il ne tourna pas la tête.

— Te voilà, dit Marie.

La femme de chambre n'avait pas osé l'avertir.

Il ne répondit pas.

Elle comprit qu'il avait lu la lettre du comte d'Embrun, mais elle n'était pas femme à quitter la partie.

— Figure-toi, continua-t-elle en s'approchant, que j'ai rêvé que tu revenais ce matin. Quand je dis que j'ai rêvé, c'est une manière de parler, car je n'ai pas dormi une heure cette nuit.

Le commandant se demanda s'il allait tuer sa femme.

Elle continua :

— J'ai passé mon temps au lit d'une de mes amies qui est bien malade. Tu vois que je ne me suis pas déshabillée. La pauvre femme ! elle n'en reviendra pas. Eh bien ! tu ne me dis pas un mot.

— Non, madame, dit le commandant, qui ne voulait même pas dire cela.

— Si tu savais comme j'ai pensé à toi et à ton chagrin !

Le commandant se leva, terrible, égaré.

— Madame, je vous défends de prononcer le nom de ma mère.

— Je ne te comprends pas, dit Marie, qui semblait ne pas être émue par la colère de son mari.

— Vous ne me comprenez pas !

Il ramassa la lettre qu'il avait jetée à ses pieds et la jeta à la figure de sa femme.

— Et vous vous imaginez, dit-elle avec son sourire d'ange, que j'ai passé la nuit chez le comte d'Embrun ?

— Plus un mot ! le mensonge m'indigne encore plus que vos trahisons. Tenez, je me tiens à quatre pour ne pas vous écraser comme une vipère. Allez-vous-en !

— Vous dites que je m'en aille ?

— Oui, madame, tout de suite, ou je vous jette à la porte.

— Mais vous oubliez que je suis chez moi.

— Chez vous ? Est-ce parce qu'il n'y a plus ici que le déshonneur sur la ruine ?

— Il n'y a ni ruine ni déshonneur. Vous voulez sans doute manger avec une autre femme l'héritage de votre mère.

— L'héritage de ma mère !

Le commandant se précipita vers sa femme, aveuglé par la fureur.

— Au secours ! cria-t-elle.

— Oui, oui, appelez au secours. Je dirai pourquoi je vous jette à la porte.

— Je n'ai pas peur de vous, reprit Marie. Je sais bien quels sont mes droits. Séparons-nous, si vous voulez. Vous m'avez reconnu une dot, donnez-moi ma dot, je ne m'en irai pas sans ma dot.

C'était encore une nouvelle blessure que recevait le commandant. Tout en jugeant sa femme comme une drôlesse, il n'avait pas prévu qu'elle irait jusqu'à lui demander cette dot qu'il ne lui avait reconnu que pour n'avoir pas l'air d'épouser une fille de rien.

— Votre dot, madame, dit-il d'un air de haut mépris, je vous conseille d'aller la demander aux tribunaux.

— Vous avez raison, monsieur, je vais chez mon avocat.

— Allez, allez, madame.

Le commandant ne put s'empêcher de chasser sa femme dehors.

— Enfin, dit-il, je ne la verrai plus.

Il se rapprocha de la cheminée pour regarder encore le portrait de sa mère. Sans le vouloir il se regarda lui-même dans la glace; il fut effrayé de sa pâleur, de la contraction de ses traits, de ses yeux égarés. Ce fut à peine s'il se reconnut. Cette dernière secousse l'avait brisé. Tout lui était en horreur; il aurait voulu que la mort vînt le prendre; mais il ne se sentait plus le triste courage d'aller à elle. Il était comme le passager qui, sur le navire en pièces, s'abandonne à la tempête sans se jeter à la mer, soit pour nager, soit pour mourir. Il tomba sur une chaise longue, presque inanimé, pris par un demi-sommeil, voulant fermer les yeux de son âme comme les yeux de son corps, pour ne plus voir l'image de cette femme qui s'imposait toujours à son souvenir.

Son colonel le vint voir dans la journée ; ce fut avec une grande surprise qu'il le trouva si abattu. Il tenta vainement de lui redonner du courage.

— Je ne me consolerai pas, dit le commandant.

— Que diable! mon cher, on se console de tout, dit le colonel d'un air de philosophe. Moi aussi j'ai perdu ma mère. J'ai même perdu ma femme ; vous voyez que je suis encore debout. Votre femme vous consolera !

Le commandant fut sur le point de tout dire au colonel ; mais le colonel ayant lui-même parlé de la beauté et du charme de Mme Charles Fleuriot, il garda son secret pour lui seul.

Le soir, sa femme revint à la maison. Il refusa de la voir; il s'était couché après avoir rejeté de la chambre tout ce qui appartenait à Marie.

— C'est bien, dit-elle avec dignité, je sais ce que j'ai à faire.

Trois jours après, le commandant était au plus mal; la fièvre l'avait épuisé; le délire le prenait toutes les nuits.

Sa femme avait amené un médecin; mais il ne tint aucun compte de ses ordonnances. A peine s'il buvait un peu d'eau dans sa soif ardente.

XII.

L'ADIEU DES SOLDATS.

CE jour-là, vers le soir, sa femme apparut devant son lit.

Il la regarda comme dans un rêve.

A la vue de cette tête robuste, qui portait déjà le cachet de la mort, Marie tomba agenouillée.

— Voilà ce que vous avez fait de moi, lui dit-il. Je ne vous pardonne pas, parce que ma mère me maudirait, quand je vais la retrouver tout à l'heure.

— Vous ne mourrez pas.

— Si je ne mourais pas, que ferais-je ici? Vous avez pris mon cœur pour le jeter à vos pieds; mon cœur est mort.

Il y eut un silence, le commandant regardait une dernière fois cette figure qui l'avait ravi si longtemps. C'était toujours la même expression de charme et de douceur; c'était plus que jamais une vraie tête d'ange. Il se sentit entraîné; un peu plus il prenait la main de Marie pour la relever et lui pardonner dans un embrassement.

Mais à ce moment même son régiment passait sous ses fenêtres : la musique retentit vive, entraînante et gaie; c'était une marche guerrière.

Le commandant fut transporté.

— Ah! s'écria-t-il, je me sens revivre.

Il se leva et prit la main de sa femme, mais ce fut pour la jeter vers la porte.

Il se traîna à la fenêtre et regarda ses amis les officiers et ses amis les soldats.

— O mes amis! mes seuls amis!

Il se pencha contre les vitres.

— Quand je pense, dit-il, avec des larmes dans les yeux, que j'ai sacrifié ceci à cela.

Tout le régiment, qui le savait malade, leva les yeux vers la fenêtre. Beaucoup le reconnurent dans ce fantôme debout.

— Adieu! mes amis, lui dit-il, en leur faisant un signe de main.

Par une attention touchante, le colonel était monté sur le cheval du commandant.

— Mon brave cheval, dit-il, je ne partirai pas avec lui.

Ce fut son dernier mot. Il tomba renversé sur la chaise longue.

Quand sa femme revint vers lui, il était mort.

— C'est toujours cela! dit-elle : me voilà veuve.

Et elle regarda dans la glace de la cheminée son adorable figure de madone.

XIII.

MORALITÉ.

Cette histoire m'avait ému profondément, car je comprenais bien toutes les douleurs de cet héroïque soldat, que l'amour avait entraîné dans le plus lâche asservissement.

Le marquis de Satanas me rappela la légende : le serpent caché sous les ailes de la colombe.

— Ce n'est pas Dieu, dis-je au diable, qui a permis que la figure de l'ange cachât le cœur du démon ; c'est vous qui avez voulu ces masques de trahison.

— Je n'ai rien voulu. Dieu a fait le monde et je ne l'ai pas refait, dit le diable en jouant sur 1 mot. C'est à l'homme à deviner les énigmes.

Le proverbe dit qu'il ne faut pas se fier aux apparences. Tant pis pour le commandant qui avait des yeux pour ne pas voir.

— Après tout, ce commandant n'était pas une bête.

— Peut-être, mais vous, vous étiez une double bête, hier, quand vous avez si mal pénétré ce masque.

— Cette femme ment à Dieu et à la nature, car la figure est l'image de l'âme.

— Si vous rencontrez désormais cette femme, amusez-vous à l'étude de ces contrastes : une figure d'ange, une âme de fille perdue.

— Oui, je la rencontrerai, car j'ai hâte de voir ce qu'il y a au fond de cet abîme.

— Je le sais bien, dit le marquis de Satanas : Il n'y a rien !

— Et la moralité ?

— C'est que le plus mortel ennemi du soldat c'est la femme, parce qu'il est toujours désarmé devant elle.

LIVRE IV

DON JUAN VAINCU

I.

LE PARADIS RETROUVÉ.

Un soir que nous nous perdions dans l'éternel féminin, courant tous les abîmes du cœur, cherchant la femme au delà et en deçà de la femme, le diable voulut bien m'avouer que la vertu n'était pourtant pas bannie de ce monde.

Mais il prit son sourire malin et me dit d'un air doctoral :

— Qu'est-ce que la vertu, si elle n'est pas attaquée? Qu'est-ce que la vertu quand je l'attaque? Je ne parle pas de cette légion de bourgeoises, qui s'imaginent savoir quelque chose de l'amour parce qu'elles ont mis au monde beaucoup d'enfants. Je ne parle pas de la femme du peuple, qui est vertueuse sans le savoir dans sa vie de travail et de sacrifice. Je parle de la femme oisive, qui a le temps d'étudier le pour et le contre, et qui finit par le Mal, tout simplement parce qu'elle est curieuse.

— Excepté, dis-je, celle qui finit par le Bien, parce que Dieu a mis dans la femme le sentiment de la dignité.

— En connaissez-vous beaucoup? me demanda le diable.

— Mais je ne connais que ça. La *Gazette des Tribunaux* seule m'apprend qu'il y a des femmes adultères, comme les offices de mariage m'apprennent qu'il y a des filles — à marier. Mais, autour de moi, je ne vois que des modèles de sagesse. Tenez, passez-moi le mot, j'ai vu hier un modèle qui pose pour les madones, et qui, après une vraie passion, peut encore poser pour les vierges.

— Où la vertu va-t-elle se nicher! dit le diable, en jetant une bouffée de fumée par la fenêtre, comme s'il fit un signe à l'enfer.

Je lui contai l'histoire de Clotilde, surnommée Clotilde-lilas-blanc :

Eugène d'Aure est un jeune peintre, né à

Paris, mais tout empourpré au soleil espagnol ; il est emporté, violent, audacieux. Il jure par Fortuny et Madrazo. Il joue les don Juan dans son atelier, — et dans les fêtes des demi-mondaines. — Ces dames posent pour lui. Pour se multiplier, il les peint en Vierge, en Danaë, en Madeleine, en Vénus. Et en peintre bien inspiré, il les peint plutôt comme elles veulent être que comme elles sont. Aussi est-il fort prôné dans les salons de Laborde, dans les avant-scènes des petits théâtres, au bord du lac, partout où le quasi-high-life veut triompher du vrai luxe et du vrai monde.

Son accointance avec ces dames n'empêche pas Eugène d'Aure de se hasarder dans les salons officiels, mais il ne s'y trouve pas chez lui. Il dit que là tout se passe en préface. Il veut trop vite murmurer le dernier mot d l'amour pour aimer à platoniser sous l'éventail. Il avait, l'an passé, des opinions toutes faites sur les femmes. Selon lui, il n'y a pas de vertu ; c'est là un vain mot des stoïciens. « Toute femme se donne à Dieu ou au diable, avec la même ferveur et la même passion. » Il ne croyait même pas à Lucrèce, non plus qu'il ne croyait à Joseph.

Il avait coutume de dire avec quelque fatuité :

— Moi, par exemple, je ne suis ni Antinoüs, ni Alcibiade, ni Lucius Vérus, ni le comte d'Orsay ; eh bien ! tel que vous me voyez, je suis un homme irrésistible, parce que je ne m'arrête pas à mi-chemin. Quand une fois j'ai décidé qu'une femme serait à moi, cette femme finit par me tomber dans les bras ; parce que si je ne crois pas à la vertu, je crois à la volonté, comme je crois au magnétisme de la passion.

On lui répondait :

— Vous êtes un don Juan à trop bon compte, puisque vous ne vous attaquez jamais qu'aux femmes qui ne se défendent pas.

Mais il soutenait ce paradoxe, qui est bien près de la vérité, à savoir que les femmes galantes, une fois qu'elles ont leur cachet, — j'ai failli dire leur médaille, — ne sont pas les femmes les plus faciles. Elles se sont données tant de fois à leurs débuts, qu'elles finissent par prendre leur revanche. Quand il ne s'agit pas de la question d'argent, elles se payent le luxe de la résistance tout comme les duchesses.

Mais, à cette heure, Eugène d'Aure a changé d'opinion sur la vertu des femmes. Écoutez bien :

Il avait à peindre, pour l'oratoire de la duchesse de Hauteroche, une madone dans le style d'Angelico da Fiésole; quelque figure extra-humaine, divinisée par les pâleurs rayonnantes. Les femmes qui posaient pour lui ne pouvaient l'inspirer dans une pareille œuvre.

Cabanel lui envoya un matin une toute jeune fille, seize ans, profil idéal, yeux couleur du temps, un rêve, une vision, une figure séraphique.

Naturellement, dès le premier jour, tout en dessinant cette beauté inattendue, il se mit à l'aimer, mais de cet amour brutal qui lui montait aux lèvres devant toutes les femmes qui venaient à son atelier. La jeune fille se nommait Clotilde; elle vivait dans sa famille, aux Ternes, une famille pauvre, beaucoup d'enfants. On ne savait que faire d'elle; on l'avait mise chez une couturière, mais elle s'épuisait à coudre. Un peintre, qui connaissait la mère, lui avait dit que sa fille trouverait à poser — pour la figure — chez des peintres d'histoire, qui la payeraient à raison de cent sous la séance. On avait faim dans la maison, la mère se résigna, Clotilde obéit. Cabanel lui donna un louis par séance.

Après Cabanel ce fut Chaplin. Après Chaplin ce fut Stevens. Quand la mère, qui accompagnait sa fille, vit que les artistes étaient de braves cœurs, qui ne se préoccupaient que de leur art, elle ne craignit rien pour sa fille, qui alla poser toute seule. Ce fut ainsi qu'elle vint à l'atelier d'Eugène d'Aure.

Il ne savait rien de son histoire ; il ne doutait pas cependant qu'il n'eût devant lui une jeune vierge dans toute la candeur des seize ans.

Quoiqu'il aimât mieux les femmes majeures, il ne put s'empêcher, par mauvaise habitude, de faire un doigt de cour à Clotilde.

Elle sembla ne pas comprendre, car elle ne venait pas pour cela ; aussi, lui qui n'y allait pas par quatre chemins avec les autres femmes, il s'égara dans les sentiers perdus du sentimentalisme.

La jeune fille l'écouta avec curiosité ; c'était pour elle de l'hébreu ; mais la voix était douce et pénétrante. Peu à peu elle finit par comprendre ; mais elle croyait que c'était un jeu ; elle ne voyait dans l'amour que le mariage et elle n'imaginait pas qu'un peintre à la mode pût épouser une fille comme elle. Aussi lui disait-elle sans cesse : « Vous vous moquez de moi. »

Cependant les séances succédaient aux séances; il refaisait la figure tous les deux ou trois jours, sans jamais arriver à la sublime expression qu'il rêvait. Il semblait qu'elle fût plus dans son cœur que dans ses yeux. Il n'avait, d'ailleurs, pas hâte de finir, tant il se trouvait tout d'un coup, comme par magie, emparadisé dans son atelier. Clotilde lui apportait tous les matins, en entrant, je ne sais quelles savoureuses émanations des jardins de Damas, où Dieu mit, selon la légende, le premier homme et la première femme.

II.

LA VERTU DANS L'AMOUR.

UGÈNE d'Aure voulait vivre dans cet horizon, respirant l'air pur de ce renouveau. Aussi fermait-il la porte à toutes ses anciennes connaissances, les femmes comme les hommes.

C'était dans la saison des fruits; il avait invité Clotilde à déjeuner avec lui, d'un air si fraternel, qu'elle avait accepté dès le second jour, déjeuner frugal s'il en fut, où les pêches et les raisins étaient le vrai plat de résistance.

Pour Eugène d'Aure, le meilleur quart d'heure était le déjeuner. Il avait commencé par se mettre à table en face de la jeune fille; il finit par se mettre à côté d'elle, sur un divan d'atelier tout imprégné de tabac. La plus belle pêche était toujours pour Clotilde. Elle avait beau s'en défendre, il fallait qu'elle se laissât faire. Pareillement, la plus belle grappe de raisin ; il la regardait mordre à la pêche et à la grappe avec une curiosité voluptueuse : des lèvres si rouges et des dents si blanches !

— Le vrai fruit, lui dit-il un jour, c'est votre bouche.

Elle lui dit qu'elle ne comprenait pas. Et en effet elle ne comprenait pas.

Il dessina devant elle, pour l'amuser, cette jolie scène rustique où Jean-Jacques jette des cerises aux deux belles matineuses qu'il a rencontrées, en disant : « Mes lèvres aussi sont des cerises, je voudrais les leur jeter. »

Cette fois, Clotilde comprit ; une soudaine rougeur se répandit sur sa figure.

Eugène d'Aure crut que c'était le moment de franchir le seuil de cette innocence ; il lui prit la main et la baisa. Voyant qu'elle ne s'offensait pas, il voulut lui baiser les lèvres ; mais elle se leva en toute rapidité. Il tenta de la retenir, mais elle lui échappa et courut à la porte de l'atelier.

— O ma chère enfant, ne prenez pas cela au tragique !

Il se rapprocha d'elle, mais tout en prenant sa palette, car le déjeuner était fini.

— A la bonne heure, dit-elle en remontant sur l'estrade où elle posait.

— Voyez-vous, reprit le peintre d'une voix émue, si j'ai voulu vous embrasser, c'est parce que je vous aime.

— Vous voulez vous moquer de moi, murmura Clotilde, en baissant les yeux.

— Dieu m'en garde; depuis que je vous ai vue, une révolution s'est faite en moi. J'ai beau vouloir lutter, je suis vaincu par vous.

— Eh bien ! il faudra en parler à ma mère.

— A votre mère? mais je ne veux en parler qu'à vous-même.

— Alors je ne veux pas vous écouter. D'ailleurs je ne crois pas un mot de ce que vous dites.

— Mais si vos oreilles ne m'entendent pas, vos yeux me voient bien.

— Peut-être ! murmura Clotilde, en ouvrant le livre d'heures qu'elle devait lire en posant.

Eugène d'Aure alla à elle.

— Clotilde, je vous jure que je vous aime de toute mon âme.

— Moi aussi, dit-elle, je vous aime de toute mon âme.

Devant cette révélation toute simple, le peintre ne fut pas convaincu.

— C'est vous qui vous moquez de moi, dit-il à Clotilde.

— C'est mal ce que vous pensez là.

— Pourquoi m'aimeriez-vous?

— Pourquoi ne vous aimerais-je pas?

Eugène d'Aure raconta à Clotilde comment elle avait apporté le bonheur chez lui, comment, par sa candeur adorable, elle avait exorcisé son atelier, comment elle avait chassé de chez lui les péchés capitaux, représentés par les femmes de mauvaise vie qui venaient faire le sabbat chez lui.

— Tout m'était odieux, lui dit-il; tout m'est doux depuis que je vous vois. C'est comme une bénédiction du ciel.

— Si vous parliez sérieusement, comme je serais heureuse moi-même.

— Oh! oui, je parle sérieusement.

Le peintre avait repris la main de son modèle.

— L'amour ce n'est pas un crime, c'est le mariage des âmes.

Et s'approchant un peu plus.

— C'est le mariage des lèvres.

Cette fois il embrassa Clotilde, avant qu'elle eût le temps de détourner la tête.

Elle se leva, indignée, se précipita de l'estrade et courut à son chapeau pour s'en aller.

— Clotilde, lui dit-il, je vous demande pardon.

— Je ne vous pardonne pas, monsieur, parce que vous ne m'aimez pas.

Clotilde avait les larmes dans les yeux.

— Revenez, Clotilde, je vous jure que je ne vous aimerai plus.

— Puisque vous jurez, je vous crois. Je vous en prie, monsieur, puisque nous ne pourrions pas nous entendre, il faut que je ne sois pour vous qu'une pauvre fille qui vient donner séance.

Eugène d'Aure allait de surprise en surprise; il était très-savant à l'attaque; il avait pris les femmes de face, de profil, de trois quarts. Tour à tour souple ou téméraire, passionné ou railleur, les grisant de paroles brûlantes, ou les enivrant par toutes les éloquences de l'imprévu. Les femmes n'aiment pas à entendre la même chanson; mais devant Clotilde, il sentait que toute sa tactique échouait et échouerait; il voyait bien qu'il était à cent mille lieues d'elle. Et pourtant elle l'aimait tout comme il l'aimait; mais c'était là sa force de puiser sa vertu dans son amour.

III.

LE CŒUR ET LES LÈVRES.

Quelques jours se passèrent ; on se reparla doucement ; on se dit des choses touchantes, mais on ne fit pas un pas de plus ; ou plutôt, dès que la volupté faisait un pas, l'amour s'éloignait attristé — tableau à la Prudhon.

Eugène d'Aure finit par s'irriter de cette résistance, d'autant plus que sa passion le tourmentait ; il dormait mal ; il ne sortait guère ; il s'ennuyait partout ; il aimait son atelier, même quand Clotilde n'y était plus. Il avait déjà accroché dans sa chambre trois ou quatre ébauches de la jeune fille, prise dans les expressions les plus sentimentales. Il était trop habitué aux joies corporelles, pour s'acclimater dans les purs horizons de l'âme ; il ne pouvait enchaîner ses sens en révolte ; il avait beau se dire que cette jeune fille était la vertu dans ses plus chastes aspirations, il la voulait femme et se la représentait femme. Il n'avait vu que sa figure, ses pieds et ses mains ; mais il lui donnait toutes les beautés du corps. Elle marchait avec une grâce ingénue et svelte, mais non désinvoltée ; il ne doutait pas que tout en elle n'eût la marque du suprême artiste, mais il ne pouvait se contenter d'une muette admiration. A tout instant, il aurait voulu ouvrir ses bras pour les refermer sur elle ; plus d'une fois, quand elle posait, il lui avait soulevé les cheveux pour leur donner plus de morbidesse et de légèreté, sans pourtant les répandre en broussailles ; or, chaque fois qu'il les avait touchés, il lui semblait que ses doigts étaient des tisons ardents, tant le magnétisme avait d'action.

Il se gardait bien de confier à aucun de ses amis cette métamorphose de don Juan en Werther; il ne désespérait pas de triompher de Clotilde, se disant que toutes les innocentes sont gouvernées par des anges gardiens, qui ne sont pas toujours là.

Clotilde s'était bercée dans des espérances de mariage, quoiqu'elle sentit bien qu'elle était séparée d'Eugène d'Aure par un abime.

Pour lui, il n'avait pas songé une seule fois à épouser la jeune fille. Il n'avait pas l'habitude de se marier quand il était amoureux : quoiqu'il fût plus amoureux que jamais, il ne songeait pas à la cérémonie.

Cependant la poseuse ne pouvait pas toujours poser; la madone était achevée et parachevée. La mère de Clotilde s'étonnait de cette lenteur à faire une figure. Elle était venue deux fois avec Clotilde, quelque peu inquiète de la voir toujours aller au même atelier. Mais le peintre ne pouvait se résigner à se séparer de cette jeune fille, qui était devenue le charme de sa vie et l'âme de son cœur. Quoiqu'il se trouvât fort ridicule de parfiler ainsi le parfait amour, il voulait continuer encore, espérant toujours tout du lendemain.

Vint enfin le dernier jour où Clotilde devait poser; c'était même plutôt pour lui dire adieu que pour poser encore, car depuis trois ou quatre séances il faisait à peine semblant de prendre ses pinceaux pour des retouches imaginaires.

Ce jour-là on déjeuna encore tête à tête, sur le divan au tabac.

— Dites-moi, Clotilde, demanda le peintre à la jeune fille, est-ce que vous aurez le courage de ne pas revenir demain, après-demain, toujours ?

— Il le faut bien.

— Vous ne savez donc pas quel va être mon chagrin de ne plus vous voir?

— Je reviendrai, mais plus tard; ma mère a promis à M. Carolus Duran que je passerais chez lui tous ces jours-ci.

— A propos, j'oubliais que je vous dois beaucoup d'argent. Est-ce que vous avez compté ?

— Non. Et vous?

— Moi non plus.

Le peintre prit un calendrier.

— Je suis ruiné. Je vous dois 560 francs.

Eugène d'Aure alla dans sa chambre et en revint bientôt en faisant sonner 28 louis.

— Tenez, dit-il, voilà qui est pour votre mère; mais je ne veux pas que vous ayiez posé pour rien. Voilà pour vous 28 louis.

Clotilde parut offensée.

— Jamais ! dit-elle.

— C'est bien simple, pourtant. Vous ne voulez pas accepter un souvenir de moi?

Il y avait des fleurs sur la table. Clotilde prit une petite rose et la mit dans ses cheveux.

— Vous êtes adorable, lui dit le peintre.

Cette fois encore il se hasarda à vouloir l'embrasser; il fut heureux de voir qu'elle se pencha vers lui avec une bonne grâce charmante.

— Oui, dit-elle, parce que je vais vous quitter.

Ce fut bien le plus divin baiser qu'il eût pris jusque-là sur des lèvres amoureuses.

Il s'imagina qu'il devait se risquer plus loin, mais soudainement la candeur de Clotilde était revenue dans toute sa force inattaquable. Une fois encore Eugène d'Aure se sentit pour ainsi dire enchaîné dans sa passion. Plus que jamais il subit l'ascendant de la vertu.

Je le rencontrai vers ce temps-là; il me conta ces virginales amours, fraîches comme la rosée, douces comme la pervenche.

— Vous ne vous imaginez pas, me dit-il, comme le renouveau m'a saisi. Je me sens dans une atmosphère printanière; il me semble que je suis une aubépine en fleurs.

Il riait bien un peu de lui-même en disant cela, mais il était de bonne foi.

— Et comment finiront ces virginales amours?

— Je ne m'en doute pas. Ce que je sais c'est que je suis aux anges, tout en désespérant du bonheur.

— Mon cher, c'est que le bonheur n'est qu'une vision. Quand on a saisi son idéal on n'a plus rien sous la main.

— Je vous jure que si Clotilde venait se jeter dans mes bras, j'étreindrais le bonheur avec délices : j'aurais quelque chose sous la main. Mais je désespère d'en arriver là, à moins que je ne passe par le mariage.

A quelques jours de là, Clotilde revint à l'atelier d'Eugène d'Aure.

— Pourquoi venez-vous? lui dit-il. Je veux vous oublier.

— Je ne veux pas être oubliée.

— Je vous aime trop pour risquer de vous voir.

— Et moi je vous aime trop pour ne pas vous voir.

— Si vous m'aimiez...

Le peintre appuya Clotilde sur son cœur, mais

il fut bientôt désarmé par le regard bleu de ciel de la jeune fille.

— Je vais mourir de chagrin, dit-elle, en lui montrant deux larmes dans ses yeux.

Il tenta de continuer le combat, résolu à en finir, mais elle fut héroïque dans sa chasteté. Elle lutta, pour l'amour divin, contre l'amour profane. La passion fut encore vaincue par l sentiment.

— Adieu, lui dit-elle, vous ne m'aimez pas.

— C'est vous qui ne m'aimez pas.

— Je ne vous aime pas! Non je ne vous aime pas...

La porte de l'atelier s'était refermée sur les derniers mots de la jeune fille.

— La singulière créature! dit Eugène d'Aure; s'imagine-t-elle donc que je vais aller demander sa main?

Clotilde ne s'imaginait pas cela du tout. Elle aimait le peintre profondément, de tout son cœur et de toute son âme; mais il lui semblait qu'elle perdrait son amour par les profanations. C'était un adorable sentiment, dont elle savourait chastement les délices. Eugène d'Aure réalisait son rêve de jeune fille : il était beau et distingué; il avait du talent et de l'esprit. Penser à lui, le regarder peindre, le voir dans son souvenir, c'était toute sa vie; elle eût trouvé bien doux d'être souvent penchée sur son cœur et enchaînée dans ses bras, mais sa vertu se révoltait, ne voulant pas tomber toute blanche en sacrifice.

Un moraliste a dit : La fierté de la résistance est plus impérieuse que la volupté de l'amour.

Clotilde luttait donc victorieusement contre elle-même, n'osant plus retourner chez le jeune peintre qui croyait avoir raison d'elle en jouant la froideur. Elle tomba malade et confia son chagrin à sa mère.

La mère, qui ne voulait pas perdre sa fille et qui croyait que l'amour prime la vertu, ne craignit pas de lui proposer un mariage au vingt et unième arrondissement.

— Après tout, lui dit-elle, tu feras comme ta sœur. La misère porte conseil. Ce jeune peintre n'est pas un rien qui vaille, tu seras très-heureuse avec lui et il finira peut-être par t'épouser. La moitié des mariages se font de cette façon, si bien qu'on ne se trompe ni l'un ni l'autre.

La mère n'avoua pourtant pas à sa fille qu'elle avait pris ce chemin-là.

— O maman! dit Clotilde, une femme comme toi, tu viens me proposer de mal faire. J'aime mieux mourir.

— Eh bien! meurs, ma fille.

Sachant Clotilde malade, le jeune peintre vint la voir.

— Par un si beau temps! lui dit-il; mais comment ne seriez-vous pas malade ici? On ne respire pas dans votre chambre; on ne voit ni les arbres ni le ciel.

— Oh! oui, le ciel et les arbres; il y a un an que je n'ai respiré dans la campagne.

— Eh bien! mettez vos bottines et je vous emmène au lac d'Enghien; c'est là que j'ai transporté mon atelier.

— Oh! je veux bien, dit Clotilde; je me sens revivre à la seule idée d'être au milieu des arbres.

— Allez! allez! dit la mère; gardez-la avec vous; vous êtes un brave cœur, vous seul vous pouvez la sauver.

Clotilde se confia à Eugène d'Aure. Il lui donna la plus belle chambre de son petit pavillon d'Enghien ; il lui arrangea une existence charmante, dans un cercle de poules, de pigeons, d'oiseaux et de fleurs. Il avait une barque sur le lac; il y promena la jeune fille. Il la promena aussi par tous les jolis sentiers de la vallée de Montmorency.

Clotilde revint bien vite à elle; sa pâleur s'effaça sous les couleurs de la santé. La joie rayonnait dans ses yeux. La saison se passa ainsi. Tout le monde, en les voyant bras dessus bras dessous, disait que c'était là des amants heureux. On n'y voyait pas de mal, parce qu'ils avaient l'air d'être créés l'un pour l'autre, tant ils étaient charmants tous les deux.

Mais c'était toujours des amoureux; ce n'était pas des amants.

Vainement, pendant tout l'été, Eugène d'Aure avait voulu triompher des rebellions de Clotilde, par la surprise, par la douceur, par la prière, par le désespoir; toujours il avait échoué. Il se sentait tant aimé, qu'il n'avait pas la force de briser; il s'accoutumait, d'ailleurs, au charme étrange de cet amour invincible; il avait beau représenter à Clotilde qu'elle n'avait pour elle ni l'opinion publique, ni sa mère, ni ses sœurs, elle lui répondait : J'ai pour moi ma vertu, mon âme et Dieu. C'est par ma vertu, c'est par mon âme, c'est par Dieu que je vous aime.

— Et après? me dit le diable.

— Après, c'est tout. Les amoureux sont encore à Enghien; ils auront beau revenir à Paris, rien ne sera changé. Niez encore la vertu, monseigneur Satan.

— Quelle serait donc ma puissance, si je ne faisais pas de temps en temps croire qu'elle existe encore? Mais d'ailleurs nous retrouverons cette Clotilde incomparable.

LIVRE V

M. PAUL
ET MADEMOISELLE VIRGINIE

I.

M. PAUL ET MADEMOISELLE VIRGINIE.

LE marquis de Satanas m'avait entraîné chez Laborde, un salon de la plus haute aristocratie.

On n'y est reçu que panaché des sept péchés capitaux, sur la présentation d'une de ces dames ou d'un de ces messieurs. On y valse et on y danse comme dans le monde, peut-être avec moins de désinvolture et moins d'abandon. Les danseurs et les valseurs n'y vont pas par quatre chemins, et les danseuses et les valseuses y prennent de vraies mines de pensionnaires en jouant de l'éventail. Elles ont dans le sourire des airs du Sacré-Cœur. En un mot, elles posent pour la vertu. On les appelle les dames de Saint-Louis. Je crois que je me trompe d'orthographe.

Un étranger qui vient là pour la première fois peut s'imaginer, surtout au commencement de la fête, que jamais il ne triomphera de toutes ces dignités hautaines. Il faut bien avouer qu'elles ne sont pas venues là pour se mettre à l'enchère. Elles n'y sont venues que pour s'amuser entre elles en se montrant leurs diamants. Peut-être qu'au dernier quart d'heure elles permettront qu'on leur offre à souper. Mais elles commencent par afficher hautement le mépris des richesses. Il ne faut pas désespérer : comme toutes celles qui viennent là ont des amants, elles ne sont pas fâchées de fomenter une scène de jalousie. Elles permettront qu'on donne un coup de canif dans le contrat du XXIe arrondissement.

Comme nous venions d'arriver, nous assistâmes à une présentation : Mlle Cora Sans-Perle, toute constellée et toute rayonnante, amena une très-jeune fille qu'elle avait habillée de ses défroques. C'était une de ses couturières. La trouvant jolie, elle avait jugé qu'il ne fallait pas qu'elle s'étiolât dans l'obscurité.

— N'est-ce pas, dit-elle à ses amis des deux

sexes, que j'ai fait là une jolie trouvaille? Voyez-moi donc ces épaules qui vont dans le monde pour la première fois. Et ces yeux sournois qui n'osent pas dire ce qu'ils pensent. Et ces petites dents gourmandes!

Mlle Cora Sans-Perle continua à inventorier la nouvelle venue, comme elle eût fait d'un cheval de son écurie. Ces messieurs du turf opinaient du sourire.

— Et maintenant, poursuivit la protectrice en s'adressant à un de ses anciens amants, vous allez la faire valser à tour de bras. Il faut l'égayer, car elle est un peu sentimentale.

Et, avec sa verve endiablée, la jolie courtisane raconta comme quoi Mlle Virginie avait un amant qui s'appelait Paul. Le dimanche, elle allait avec lui au Vaux-Hall. M. Paul était un batteur d'or, mais il ne lui en restait pas assez dans les mains. La pauvre petite ne pouvait habiller sa beauté. Quand on a de la figure, on se doit à son siècle. Elle était trop jolie pour un homme seul. Elle s'était enfin décidée à divorcer et à courir les avantures; tant pis pour le batteur d'or.

Pendant ce récit, Mlle Virginie s'était quelque peu attristée. On lisait dans ses yeux qu'elle s'était retournée vers M. Paul : elle étouffa un soupir. Mais, en vraie femme qu'elle était, elle passa d'une idée à une autre en prenant le bras du valseur que lui avait donné sa célèbre amie, car la dame l'appelait déjà ma petite amie.

— Quel joli monstre, dis-je au diable, en voyant valser Virginie : elle a donné un vague regret à Paul; mais comme elle y va gaiement avec ce rude dénicheur de vertus !

— Oui, dit le diable, elle est déjà consolée! Ainsi va le monde des femmes. Il n'y a que les trop sentimentales qui s'attardent dans un seul amour. Toutes les autres se font un bouquet des passions qui fleurissent autour d'elles. C'est la diversité des fleurs qui forme le parfum dont elles s'enivrent.

— Vous faites des phrases, mon cher ami, dis-je au diable. Vous ne connaissez pas mieux les femmes que le premier venu. Cette fille était plus heureuse, je n'en doute pas, dans son unique amour qu'elle ne le sera dans toutes les folies où elle va s'embourber.

— C'est le vieux jeu. On ne le joue plus. Sachez qu'il n'y a pas de femme heureuse dans une vilaine robe. Jenny l'ouvrière, Rosine et Mimi

Pinson ne sont plus de notre temps; si elles revenaient aujourd'hui, elles seraient les familières de Worth.

— Oui, mais dès qu'elles seront dans des robes de Worth, elles regretteront de n'y pas trouver le bouquet de violettes de leur mansarde, le bouquet de violettes d'un sou, ce parfum du premier amour qui embaume toute la vie.

— C'est vous qui faites des phrases, s'écria le diable en se moquant de moi. Je vous dis encore une fois que ces filles-là n'ont pas plutôt entr'ouvert la porte de l'enfer qu'elles s'y jettent éperdument, tout corps et tout âme sans regarder en arrière. Qu'est-ce que le premier amour? C'est une évolution ridicule dont on se moque soi-même avec son second amoureux. Vous allez voir comment cette petite Virginie se moquera de Paul.

En effet, Mlle Virginie valsait avec un abandon charmant, elle était déjà à cent mille lieues de son premier amant, elle savourait toutes les joies de l'imprévu. Après la valse, le diable lui offrit un verre de punch dans la salle basse de l'endroit. Nous la questionnâmes sur la veille et sur le lendemain. Elle nous ouvrit ingénument son cœur, était déjà prise par les amorces du luxe, elle voulait à son tour rouler carrosse, selon son expression.

— Alors, lui dit le diable, vous ne rentrerez pas cette nuit au colombier sans faire une halte.

— Je ne sais pas; j'ai déjà des propositions, mais on me dit que tous ces crevés-là ne sont pas sérieux. Il y en a un qui m'a offert de me couvrir d'or et de diamants; il y en a un autre qui m'a parlé de cinq louis : je crois que je m'en irai avec celui-là.

— Elle est déjà très-forte, dit le diable en faisant servir à Mlle Virginie un second verre de punch.

Nous lui demandâmes encore si elle oserait rentrer chez elle, ou plutôt chez Paul, avec une pareille robe, toute étincelante de jais.

— Je voudrais bien voir qu'il ne me trouvât pas belle dans cette métamorphose; si cela le fait loucher, tant pis. Et puis, je ne ne suis pas mariée avec lui.

Mlle Virginie s'amusa beaucoup chez Laborde. A une heure du matin, elle monta d'un pied décidé dans le coupé de l'homme aux cinq louis, qui trois heures après l'envoya voir lever l'aurore chez son amant.

Elle arriva un peu dégrisée à la porte de M. Paul.

Ce pauvre diable d'amoureux ne s'était pas couché de toute la nuit. Dans la fièvre de la jalousie, il avait pris un couteau, tout en jurant de se venger.

Quand il vit entrer Virginie qui n'était plus Virginie; quand il vit cette fille toute barbouillée de blanc et de rouge, traînant avec désinvolture une robe à queue qui avait bien coûté deux mille francs, il ne douta plus de la trahison, il ressaisit son couteau en s'écriant :

— Ah! tu as fait cela.

— Oui, j'ai fait cela ; eh bien ! après? dit Virginie qui ne croyait pas que ce fût sérieux.

Mais c'était sérieux. Paul se précipita sur Virginie et la frappa de trois coups en pleine poitrine.

Elle cria, le sang jaillit, elle tomba à la renverse en tendant les bras.

La colère de Paul venait de s'évanouir comme Virginie.

— Qu'ai-je fait? s'écria-t-il en jetant le couteau loin de lui.

Il s'agenouilla devant sa maîtresse et lui démanda pardon ; mais il était suffoqué et ne pouvait trouver un mot ; la peur le prit avec le désespoir.

— Si on m'arrête, dit-il, je ne la verrai plus.

Il résolut de s'enfuir et de se cacher ; mais, quoiqu'on fût déjà éveillé dans la maison, il voulut tenter de secourir Virginie ; il la prit dans ses bras et la porta sur le lit, tout en s'efforçant de ne pas se mettre de sang sur ses habits.

Quand elle fut sur le lit, il lui versa sur le front tout ce qui restait d'eau dans la carafe.

— Virginie ! Virginie ! lui dit-il tendrement, reviens à toi et dis-moi que tu me pardonnes.

Et comme l'effroi de l'échafaud le tourmentait déjà, il murmura :

— Si elle voulait me sauver, elle n'aurait qu'à dire que c'est elle-même qui s'est frappée.

L'eau glaciale de la carafe avait un peu ranimé Virginie.

— Assassin ! dit-elle.

Et elle se mit à crier au meurtre. Paul acheva de perdre la tête et s'enfuit.

Quand vint le commissaire de police, une heure après, ce fut vainement qu'on le chercha dans la maison et dans les maisons voisines.

On mit Virginie sur un brancard et on la conduisit à l'Hôtel-Dieu, où ce fut un grand émoi de voir arriver une si belle créature dans une si belle robe tout ensanglantée. Elle était si pâle qu'on ne doutait pas qu'elle ne rendît bientôt le dernier soupir.

Mais, quoique profondes, les blessures n'étaient pas mortelles; les médecins déclarèrent qu'elle n'en avait que pour six semaines. Mais six semaines d'horribles douleurs, c'était payer bien cher les joies de sa trahison et les valses de Laborde.

Quelques-unes de ces demoiselles s'intéressaient à elles et lui firent des visites à l'hospice.

— Console-toi, lui disaient-elles, ces trois coups de couteau te rendront trois fois célèbre : les hommes aiment le bruit autour des femmes, tu en trouveras dix pour un.

Ces messieurs lui envoyaient des douceurs de chez Gouache ; Isabelle lui porta tous les jours des bouquets. On avait obtenu pour elle une chambre à part où elle oubliait presque qu'elle était à l'Hôtel-Dieu.

Enfin il fut décidé qu'elle sortirait. C'était un jeudi, par le plus beau soleil d'octobre, son amie

Cora Sans-Perle vint la prendre vers midi avec son coupé.

Quand elles redescendirent ensemble, le coupé n'était pas à la porte. Elles apprirent que le cocher qui était jeune et curieux suivait du côté de la Morgue pour promener ses chevaux, ne croyant pas que ces dames descendraient si tôt. Toute une foule presque silencieuse accompagnait un noyé. Ce noyé venait d'être pêché au pont Notre-Dame.

— Voyons donc ça, dit Virginie en s'appuyant sur le bras de Cora Sans-Perle.

Elles firent comme leur cocher, elles suivirent la foule.

Elles apprirent que c'était un jeune homme avec de grands cheveux blonds ; on disait de tous côtés : « C'est un chagrin d'amour. »

— Et pourtant, dit une femme, il est trop beau pour n'avoir pas été aimé.

Quoique Virginie fut encore bien faible, elle força son amie de hâter le pas, si bien qu'elles arrivèrent à la porte de la Morgue juste au moment où le noyé allait passer.

Il passa. Sa figure avait une expression à la fois farouche et douce.

— C'est Paul! dit Virginie.

— Comment, c'est lui! s'écria Cora Sans-Perle en s'approchant.

— Oui, ma chère amie, mais il a aussi bien fait de mourir, car je ne lui aurais jamais pardonné.

Ce fut le dernier mot de l'histoire.

— Vous voyez, me dit le diable, que cette fille m'appartient sans remords. Quand je tiens une fille par un cheveu, elle ne m'échappe plus. Je lui permets de se teindre en blond ou en brun, mais je ressaisis toujours le cheveu.

— Eh bien! dis-je au diable, savez-vous ce que m'inspire cette histoire de M. Paul et de Mlle Virginie; elle m'inspire l'idée de rouvrir le roman de Bernardin de Saint-Pierre pour y respirer l'air vif des forêts vierges et des amours matinales.

II.

UNE MORT ROMAINE.

Puisque vous savez tout, dis-je au diable, contez-moi donc comment est mort cet archéologue qui a fait des fouilles partout pour découvrir un escalier dans une pyramide.

— Un archéologue ? Lequel ?

— Un galant homme, qui s'est cru un historien et un homme d'État, mais qui n'était qu'un professeur.

— Ah ! oui ce provincial de l'école d'Athènes qui n'a jamais été athénien un instant, ni même spartiate. Il a fait de l'histoire romaine en historien taquin, mais il faut avouer qu'il a su mourir en romain.

— Eh bien, parlez-moi de son dernier quart d'heure.

Le marquis de Satanas sembla chercher dans ses souvenirs :

—Oui, oui, oui, là est le mystère. Écoutez-moi bien, je vais vous faire assister à sa mort. Après avoir aspiré à tout, il était revenu de tout fort desenchanté ; il avait trempé sa lèvre mince et froide dans toutes les coupes sans y trouver autre chose que l'amertume. Cet homme aurait pu être content des autres, mais il n'était pas content de lui; il avait des aspirations, mais il manquait de souffle; il était ambitieux, mais il manquait de force; il jouait à l'orateur, mais il manquait d'éloquence; il remuait les grands noms de l'histoire, mais il ne remuait que des fantômes; il lui manquait surtout ce qui fait les grands hommes : l'amour. Cet esprit n'aimait rien de l'humanité, hors lui-même. S'il a voulu mourir ce fut pour se faire immortel, car il ne croyait pas à Dieu. Il espérait du moins marquer un nom connu sur le marbre de Paros de son académie; mais l'immortalité est une fière déesse qui ne prend dans ses bras que les hommes à sa taille; celui-ci est déjà oublié.

— Mais vous ne me dites pas comment il est mort ?

— Un soir, après avoir joué au wisth pour tuer le temps en attendant qu'il se tuât lui-même, il rentra chez lui et fit un examen de conscience; il récapitula toute sa vie, il fit l'addition et la soustraction de la fortune et de la misère de son esprit. Ce qu'il avait à dire il l'avait dit, ce qu'il avait à faire il l'avait fait. Son cœur, il l'avait versé dans le néant des choses ou dans les choses du néant. Il fut philosophe c tte nuit-là. Pourquoi condamnerait-il plus longtemps sa femme belle et jeune à vivre en regard de sa figure morose? Avait-il le droit de la mettre à l'ombre de ses tristesses? Il prit un poignard, il le regarda, il le baisa. C'était un cher souvenir. Il joua avec ce poignard qui en une seconde pouvait le jeter dans l'infini. Il découvrit son sein, il posa la pointe du poignard sur son cœur, puis il l'éloigna, puis il la posa encore. La mort a ses ivresses comme l'amour. Ses yeux se troublèrent. « Vivre? » dit-il. Et il regarda le sombre horizon du désespoir. « Mourir? » dit-il. Et il vit rayonner l'Inconnu. Il espéra en l'autre monde tout en pensant que celui-ci garderait sa mémoire. Il enfonça doucement la pointe, sans être encore bien décidé à cette mort romaine ; son sang perla sur son sein : tout ce qui est rouge effare la raison ; on ne peut regarder en face ni la pourpre du soleil ni la pourpre du sang. Cette fois il n'était plus maître de lui, il enfonça peu à peu le poignard jusqu'au moment où il s'écria : *Ah ! c'est fini !*

— C'est impossible, dis-je au diable, puisqu'on a retrouvé le lendemain matin le poignard dans sa gaîne.

— Voilà l'histoire, reprit le diable. Quand il cria que c'était fini, il vint une femme, une pauvre créature toute éperdue et toute affolée qui ne voulut pas que son mari se fût tué ; elle prit le poignard, elle le lava de ses baisers et de ses larmes ; elle le remit dans sa gaîne, croyant qu'ainsi elle cacherait ce suicide ; mais la vérité ne perd jamais ses droits. Vous avez compris.

— J'ai compris que tout homme a son quart d'heure de folie, que nul n'y échappe, pas même les plus sages.

— Il est allé faire des fouilles dans le royaume des cieux.

III.

LA DUCHESSE AU GRAIN DE BEAUTÉ.

La duchesse *** était mollement renversée sur le divan feuille-morte de son oratoire, car son boudoir à elle était un oratoire sanctifié par la présence toute spirituelle du R. P. Veuillot. Elle venait de copier sur son livre de messe des pensées détachées du bréviaire de Mme de Maintenon, à commencer par celle-ci : « Faire le bon-
« heur des autres n'est pas pécher quand c'est
« un sacrifice, mais c'est pécher que d'y pren-
« dre plaisir. »

On apporta une lettre à la duchesse ; elle regarda avec indolence le plat d'argent, comme une femme à table qui n'a plus faim.

C'était son cœur qui n'avait plus faim; il avait dévoré tant de lettres d'amour qu'il était assouvi.

— Enfin, dit-elle, il faut bien encore lire celle-là.

Elle prit la lettre et la décacheta d'un air dédaigneux.

Cette lettre était du marquis de Calvero, son premier amant.

— Qu'est-ce qu'il a donc encore à m'écrire? dit-elle en reconnaissant l'écriture.

Elle lut :

« Ma belle duchesse,

« Je suis deux fois trahi, par vous et par la
« fortune. J'ai perdu cette nuit cent dix mille
« francs; il ne me reste plus qu'à me brûler la
« cervelle si je ne paye pas cette misère dans les
« vingt-quatre heures. Vous pouvez me sauver
« la vie, vous qui m'avez tué le cœur; vous con-
« naissez ma famille, vous savez que j'ai encore
« deux tantes à manger.

« Celui qui m'a gagné ces cent dix mille francs,
« c'est votre amant. Demandez-lui vingt-quatre
« jours au lieu de vingt-quatre heures; il me

« faut vingt-quatre heures pour aller en Espa-
« gne et revenir, mais je ne puis partir sans un
« mot de vous qui me rassure à ce sujet. Vous
« ne me refuserez pas cette marque d'amitié,
« quoique l'amour ne mène jamais à l'amitié.

« Rappelle-toi ton grain de beauté, ô Manoella !
« Je vous baise les cils, madame la duchesse.

« Le marquis DE CALVERO.

« P. S. — Vous recevrez cette lettre à midi ;
« je sais que vous êtes chez vous. Si à minuit
« vous ne m'avez pas écrit, je prendrai le train
« express de l'autre monde. »

Toute autre femme que la duchesse eût été quelque peu émue en lisant cette lettre ; elle se contenta de se relever les cils avec une coquetterie achevée ; des cils blonds sur des yeux bleus, du blé barbu, du blé de barbarie vu sur le ciel.

— A merveille, dit-elle, voilà qu'il veut que je paye ses dettes de jeu, lui qui n'a pas payé ses dettes d'amour.

Le valet de chambre attendait à la porte pour savoir s'il y avait une réponse.

— Vous voyez bien que je ne suis pas encore réveillée.

Quand le valet de chambre fut sorti, la duchesse mit tout doucement sa tête sur le coussin et s'endormit pour tout de bon.

O belle âme qui planait trop haut pour s'inquiéter des misères du monde !

Quand elle se réveilla, la lettre tombée à ses pieds lui rappela le marquis de Calvero, car elle n'avait pas rêvée de lui.

— Après tout, ce pauvre marquis, dit-elle, je pourrais bien faire cela pour lui : prier le comte, son ex-rival, de lui donner ces vingt-quatre jours. J'y penserai.

La duchesse prit un petit miroir sur la table qui était devant elle.

— Ce grain de beauté, comme il l'aimait ! reprit-elle avec un demi-sourire, en regardant une petite marque brune au coin de l'œil gauche. C'est vrai que ce grain de beauté me fait plus jolie.

Elle se rappela qu'un jour le marquis de Calvero l'avait surprise au moment où elle faisait sa figure.—Voulez-vous, lui avait-il dit, être encore plus belle ? Voulez-vous avoir plus d'éclat et d'expression? — Et, disant ces mots, il l'avait marqué au haut de la joue d'un grain de pierre infernale.— Qu'avez-vous fait? s'était-elle écriée.

— J'ai marqué ma passion; aussi longtemps qu'on verra ce grain de beauté, aussi longtemps mon cœur battra pour vous.

La duchesse demanda son chat.

Mlle Georgette, sa femme de chambre, vint suivie de Mimi, un chat de Perse aux poils démesurés. Cette fille le souleva dans ses mains et le déposa sur le sein de sa maîtresse.

— Bonjour, Mimi! Je mourais d'ennui de ne pas te voir! Comme tu es beau! Baise-moi, Mimi.

La duchesse baisa voluptueusement la bête voluptueuse.

Et tout en la caressant, elle lui prenait les griffes dans ses dents.

— Madame la duchesse fait les griffes à Mimi, dit la femme de chambre qui hasardait ça et là un mot dans le silence glacial de la duchesse.

La duchesse ne répondit pas, mais elle se dit à elle-même.

— C'est à moi que je fais les griffes.

Une expression de cruauté passa sur sa figure.

Cette femme avait été fort malheureuse dans son premier amour. Traversant toutes les tempêtes de la jalousie et de la trahison, elle avait juré qu'elle se vengerait des hommes quand son cœur ne serait plus emprisonné dans une passion invincible.

Elle s'était vengée en sacrifiant le marquis au comte; elle espérait bien se venger longtemps encore.

On annonça le comte.

— Ah! c'est vous. Je ne vous attendais pas.

— Vous ne m'aimez donc plus?

— Est-ce que je vous ai jamais aimé?

— Moi, je vous aime pour deux.

— Pour vous et pour le marquis.

— Pourquoi me rappeler de mauvais jours?

— Parce que je veux vous parler du marquis.

— A propos, je l'ai battu cette nuit au cercle.

— Oui, vous l'avez ruiné.

— Hélas! ne l'était-il pas déjà?

— Vous croyez qu'il ne vous payera pas dans les vingt-quatre heures?

— J'en ai peur.

— Et si vous lui accordiez vingt-quatre jours?

— Il payerait bien moins encore.

— N'en parlons plus.

La duchesse alluma une cigarette russe.

Ce fut toute sa réponse au marquis.

Quelques secondes après il était tout à fait oublié.

Elle n'était pas de celles qui aiment leur premier amant dans le second.

Et puis, il paraît que le comte était plus versé que le marquis dans la science amoureuse; la volupté avait succédé à l'amour.

Cette après-midi fut sans doute fort orageuse, car le soir, aux Italiens, on trouva que la duchesse était bien pâle; les femmes, il est vrai, ne manquèrent pas de dire qu'elle s'était payée pour deux sous d'expression avec quatre sous de poudre de riz. Dans ce théâtre, où elle avait adoré le marquis de Calvero, elle ne pensa pas une fois à lui. Et cependant on jouait les *Noces de Figaro*; l'éclat de rire espagnol ne lui rappela donc pas que le grand d'Espagne comptait ses dernières heures à la pendule?

Quand elle rentra chez elle, il était onze heures et demie; elle avait emmené une de ses amies pour avoir le droit de donner du thé au comte sans se compromettre.

Pendant que l'amie, une femme politique, lisait le journal du soir, elle approcha doucement ses lèvres de l'oreille de son amant et lui dit d'une voix attendrie en regardant la pendule :

— Comme je vous aime!

Minuit sonnait, le marquis de Calvero armait son pistolet.

— Tu es bien sûr, dit-il à son domestique, que la duchesse n'a pas répondu?

— Non, monsieur le marquis. A minuit moins un quart je causais avec son valet de chambre. La duchesse n'a pas écrit une seule lettre aujourd'hui.

Le coup partit, un homme tomba.

— Minuit! murmura la duchesse en se masquant de son éventail.

Elle était adorablement belle ce soir-là.

Elle pâlit. C'est qu'elle avait pensé à son premier amant en touchant de ses lèvres les lèvres de son second amant.

Un baiser voluptueusement cruel.

IV.

FIGURES PARISIENNES.

LE diable me dit :
— J'ai dîné ce soir chez un homme d'État en compagnie de MM. Mignet, Barthélemy Saint-Hilaire, Arago, Renan, quelques députés du tiers-parti, — ne cherchez pas là un jeu de mots, — quelques membres de l'Académie française, un jeune historien néo-grec, cousin d'Alcibiade, une princesse russe et une duchesse italienne, une femme artiste en politique et une femme artiste en sculpture, deux grandes dames s'il en fut. La princesse est agitée comme les événements. Elle est toujours dans le flux et le reflux, tandis que la duchesse est grave et calme comme

le marbre. Rassurez-vous, c'est le marbre qui descend de son piédestal — pour y remonter.

Avec la princesse, on perce à jour tous les voiles de la diplomatie européenne, elle voit clair non-seulement dans les actes, mais encore dans les âmes des souverains. Elle m'avait prédit la nouvelle révolution d'Espagne, elle m'a prédit une autre révolution à une date plus éloignée. Ce que j'aime en elle, c'est qu'elle ne flatte aucun pouvoir ni aucune majesté. Elle discute pied à pied avec tous les orgueils; dans la discussion, elle ne veut pas qu'on la traite en femme ni en princesse ; comme saint Simon elle aime la vérité, jusque contre elle-même. Elle parle avec passion, mais elle ne se passionne pas jusqu'à l'erreur, comme font tous ceux qui prêchent pour l'humanité.

Elle adore l'homme d'État en question, mais à la condition de ne pas le flatter lui-même. Mais n'est-il pas au-dessus de toutes les flatteries ? Rien n'est plus amusant que de les voir tous les deux monter à l'assaut des idées et des théories. Ils se combattent l'un l'autre à armes courtoises, mais tranchantes. Quand la princesse est à bout de raisons, elle dit à son adversaire : « Vous n'êtes qu'un grand historien, » ce qui veut dire : Vous n'étudiez les hommes qu'à travers l'histoire, tandis que moi, je les étudie d'après nature.

Eh bien, ni la princesse ni l'homme d'État ne savent la bonne manière : Le sage n'a-t-il pas dit : « Pour apprendre à connaître les hommes, pratiquez les femmes. »

Et maintenant nous allons retrouver la princesse dans son hôtel. Le prince est un galant homme qui a trop d'esprit pour ne pas laisser parler sa femme. Un diplomate ne ferait pas mieux. Il est d'ailleurs beaucoup moins préoccupé des événements de ce monde que des événements de ses rêveries. Au lieu de vivre dans le tourbillon européen, il suit nonchalamment les pérégrinations de son âme. S'il était volcanique comme la princesse, la maison sauterait.

Et pourtant la princesse n'est pas un fleuve qui déborde sur ses rives ; elle se contient parce qu'elle n'aime pas la politique à l'emporte-pièce. Elle a un art exquis de mettre tout le monde à sa place. Entrez chez elle un soir de réception. Voyez quelle harmonie avec toutes ces discordances? C'est un admirable joueur de piano qui fait un accord parfait avec une gamme cacophonique. On dirait en vérité que l'abbé de Saint Pierre prêche ici la paix universelle; dans ce salon miraculeux, non-seulement toutes les nations, mais tous les partis se donnent la main. C'est la trêve des inimitiés si non la trêve des passions. Le prince Orloff cause avec la Sublime-Porte, M. Thiers avec le général Fleury, l'ambassadeur d'Allemagne avec Émile de Girardin, le commandeur Nigra sourit à l'Autriche, qui sourit à la France, qui sourit à l'Angleterre. L'Amérique vient dire son mot pacifique. M. Jules Simon fait comprendre l'instruction obligatoire à un prince de Bourbon. Je vous le dis en vérité, c'est un congrès universel que ce salon. Mais rassurez-vous, tout ce qu'on a laissé dans l'antichambre, on le reprend avec son manteau; quand on monte dans son coupé, on a retrouvé sa nationalité et ses théories. La princesse n'a travaillé qu'à la toile de Pénélope. Mais qu'est-ce autre chose que la vie? Bien heureuses celles qui ont une toile de Pénélope sous la main.

Elle a encore une meilleure politique au coin de son feu : elle a mis au monde deux princesses jolies comme dans les contes de fées.

Voulez-vous causer un peu, voici le coin des

grandes dames inaccessibles, même à la coquetterie.

Écoutez cette parisienne qui sait tout et qui parle si éloquemment à cette écossaise, laquelle lui répond en si bon français, pendant que leurs maris, un maréchal et un général, réorganisent l'armée en prenant une tasse de thé. Si toutes les familles françaises étaient aussi bien organisées que celles-ci, la société prendrait une rude revanche. Ce qui perd la France, c'est que la hiérarchie est brisée, c'est que la mère commande au mari, c'est que l'enfant commande à la mère, comme sous la Commune le soldat commandait au sergent, lequel commandait au capitaine, qui ne savait qu'obéir.

Dans le coin opposé, voici les charmantes babillardes qui parlent toujours parce qu'elles parlent toujours sans rien dire. Des mots, des mots, des mots, dirait Shakespeare. Elles ne prennent personne dans leur éloquence, mais elles s'y prennent elles-mêmes à ce point qu'on en a vu plus d'une se croyant amoureuse de celui qui l'avait bien écoutée.

Dans un hôtel voisin, voici le coin des hommes d'esprit. On parle d'un homme qui veut se débarrasser de sa maîtresse, — en l'épousant, — comme a fait Léon Gozlan.

— Le baron se marie! Et qui épouse-t-il?

— Sa femme.

— Est-ce qu'il est vraiment baron?

— C'est une noblesse de Convention : son grand-père a voté la mort de Louis XVI.

Passe un homme politique.

— Savez-vous pourquoi il demande le divorce?

— C'est parce qu'il a épousé toutes les opinions.

On parle des femmes. Un sceptique affirme que les comédiennes sont bien moins comédiennes que celles qui ne jouent pas la comédie, parce qu'elles passent plus de temps à apprendre leurs rôles qu'à apprendre leur cœur.

— Tenez, dis-je au marquis de Satanas, vous êtes en pays de connaissance. Reconnaissez-vous cette grande dame qui vient d'entrer?

— Oui.

— Elle a donné son âme au diable.

— Oui, mais je n'en ai pas voulu, dit le diable en riant.

— Allez donc causer avec elle.

— Oui, je vais lui conter son histoire amoureuse, car tout le monde la sait, hormis elle-même.

J'entends dire à un Larochefoucauld en jupon qu'il ne faut se décolleter que le soir, parce que le soleil mord les épaules et les marque à son effigie. Ainsi, la pudeur n'est qu'une question atmosphérique. On peut montrer son sein si on a une ombrelle.

Passe une veuve trop consolée.

— Quoi! pas un nuage sur son front!

— Pardieu! Elle était déjà veuve du vivant de son mari.

On salue au passage Mlle Jeanne d'Armaillac.

— Oh! celle-ci est veuve avant d'être mariée!

LIVRE VI

LE PÉCHÉ DE JEANNE

I.

LE DIABLE AMOUREUX.

J'avais plus d'une fois surpris le marquis de Satanas méditatif et attristé.

— Je croyais, lui dis-je, qu'en votre qualité de dieu tombé, vous n'étiez pas soumis comme nous autres, aux mélancolies de l'âme.

— Puisque j'ai la figure d'un homme, c'est que je suis soumis comme tous les hommes aux variations de l'atmosphère. J'ai aussi mes jours de pluie.

— Est-ce que vous seriez amoureux?

Le diable me regarda avec un air de raillerie.

— Amoureux! je le suis toujours. C'est bien

la peine d'être un philosophe du cœur humain, si vous ne comprenez pas qu'un galant homme comme moi ne doit avoir d'autres soucis que l'amour. C'est dans l'amour que je mets mon orgueil et ma victoire.

— Eh bien pourquoi êtes-vous sombre ce matin?

— C'est parce que je ne suis pas heureux.

— Vous avez la prétention d'être heureux par l'amour?

— Oui, par la bonne raison qu'il n'y a pas de bonheur sans l'amour.

— Et quelle est l'aventure galante qui vous préoccupe aujourd'hui?

— C'est une aventure qui m'a préoccupé hier, qui me préoccupera demain.

— Contez-moi cela.

— Vous savez le commencement : ne vous rappelez-vous pas l'histoire de Mlle Jeanne d'Armaillac?

— Ah oui, parlons-en.

Le marquis de Satanas parut se recueillir :

— Après cette évocation si romanesque où cinq jeunes filles, ne doutant de rien, voulaient voir le diable pour s'amuser, j'avais fini par convaincre

M¹¹ᵉ d'Armaillac qu'elle était à moi de par toutes les lois de l'enfer ; mais elle ne fut pas si bête que de me croire longtemps sur parole ; pendant quelques jours j'eus l'art de la rencontrer partout à minuit ; j'espérais que dans le trouble de son âme, elle se jetterait dans mes bras ; pourquoi pas moi autant qu'un autre? Mais au lieu d'inspirer de l'amour je n'inspirai que de l'effroi ; elle m'a bravé, elle me brave, elle me bravera. J'ai beau vouloir ne pas l'aimer, je l'aime violemment ; mais, comme disent les orientaux, ce n'est pas pour moi que la rose fleurit dans le jardin des Califes.

Le diable soupira comme le premier amoureux venu.

— Voyez-vous, reprit-il, le diable amoureux est comme la courtisane amoureuse ; c'est le paradis rouvert, mais ni l'un ni l'autre n'y peuvent rentrer.

II.

PORTRAIT DE MADEMOISELLE JEANNE D'ARMAILLAC.

On parlait beaucoup, dans le meilleur monde, de la beauté altière et souveraine de cette jeune fille qui portait un grand nom : Mlle Jeanne d'Armaillac.

Les jeunes gens à marier disaient qu'elle prenait des airs trop superbes pour une jeune fille qui n'avait pas de dot, comme si l'argent devait donner la fierté.

Mlle d'Armaillac avait bien raison de ne pas ployer le genou devant la richesse. Elle était plus heureuse de son nom qu'elle n'eût été d'une vraie fortune ; pouvait-elle se plaindre de sa destinée en se voyant la plus belle entre toutes ?

elle entendait bien dire çà et là qu'on ne prenait une fille que pour son argent, mais elle croyait dans l'ingénuité de son cœur qu'on calomniait les hommes.

— N'est-ce pas qu'elle est belle? me dit un soir le diable, en la voyant passer aux Champs-Élysées dans le landau de Mme de Tramon.

— Oui, répondis-je avec un sentiment d'admiration, ce n'est pas une beauté, c'est la beauté.

Être souverainement belle, n'est-ce pas la marque divine par excellence, puisque la beauté est une vertu primordial qui domine toutes les autres? Qui dit la beauté du corps, dit la beauté de l'âme. La beauté visible montre la beauté invisible. L'âme peut faillir et tomber de chute en chute, elle qui est la lumière, jusque dans les profondeurs les plus nocturnes; elle peut hanter le vice, elle peut se souiller à tous les péchés; mais dans une heure d'amour ou de repentir, vous la verrez soudainement reprendre l'auréole des virginités. Dieu, qui se complaît dans son œuvre, n'a pas voulu que la forme pétrie par sa main soit un masque trompeur. Dieu ne joue pas aux surprises; là où l'âme est belle, il l'a revêtue d'un corps divin.

Corps divin, âme divine, c'est à ce chef-d'œuvre surtout que l'esprit du mal s'est attaqué. Si la beauté succombe souvent, c'est qu'elle est toujours en combat, c'est qu'à toute heure elle est battue en brèche, c'est que tout le monde veut en avoir sa part et porter son drapeau. Lucrèce, seule, s'est affranchie par un coup de poignard. Hélène, Aspasie, Cléopâtre, Imperia, Diane de Poitiers, Ninon de Lenclos, Mme de Pompadour, — je ne montre que le dessous du panier, — ont subi la destinée fatale de la beauté. Mlle de la Vallière, comme la Madeleine divinisée, a lavé dans les larmes le doux crime d'avoir aimé.

Le marquis de Satanas me dit que Mlle Jeanne d'Armaillac devait aller le surlendemain au bal de la duchesse « au grain de beauté. »

— Nous serons de la fête, si vous voulez.

— Oui, mais j'espère bien que vous ne dresserez plus vos batteries contre cette merveilleuse créature.

— Pas si bête, dit le diable, ce serait la mettre sur ses gardes. Et d'ailleurs j'ai perdu l'occasion, — mais je serai vengé — et sans rien faire pour cela. Vous connaissez bien mon système :

les femmes vont toutes seules à leur porte ; il ne faut pas les y conduire, car elles seraient capables de rebrousser chemin par esprit de contradiction.

Le diable redevint mélancolique.

— Ah ! l'an passé, dit-il, j'ai été trop bon diable !

Le marquis de Satanas me conta encore mot à mot l'histoire de l'évocation que je savais mal, comme tout le monde.

— Comme j'ai mal joué mon jeu ! dit-il, c'est un caractère, cette fille. Au bout de quelques jours elle m'a mis à la porte. Contre la résistance d'une femme il n'y a pas de force — si elle n'aime pas. — Et Jeanne d'Armaillac ne m'aimait pas. — Elle a mieux fait que de mettre Dieu entre elle et moi, elle a mis sa fierté. La fierté d'une femme, si elle n'aime pas, est une montagne inaccessible.

— Et pourquoi ne vous aimait-elle pas ? N'avez-vous donc pas le pouvoir de vous faire aimer ?

— Non, en amour je n'enfonce que les portes ouvertes. Je n'ai pas la vertu de tuer la vertu. Je ne triomphe que des femmes qui ne se défendent pas. Mais j'ai de rudes revanches. Voulez-vous savoir comment finira Mlle Jeanne d'Armaillac ?

— Oui.

— Eh bien, venez avec moi chez la duchesse.

— Allons-y.

Je connaissais depuis longtemps la duchesse, une de ces personnes qui règnent et gouvernent chez elles, parce que leur mari a « des établissements dans l'Inde », c'est-à-dire dans les parages de l'Opéra. On parlait tout bas de ses deux amants, mais on la disait calomniée, d'ailleurs l'un était mort et elle venait d'exiler le second.

Elle fut d'autant plus charmante pour moi que je n'allais chez elle que de loin en loin. Quand on n'a rien à se dire de par le cœur il ne faut pas se voir souvent. Un homme d'esprit voyage dans un salon, il n'y demeure pas. La duchesse, me parlant un jour d'un de ses habitués, le cloua par ce mot charmant : « Je ne sais qui m'empêche de lui faire faire un cadre et de l'accrocher dans l'antichambre. »

Ce soir-là, comme je lui parlais de sa beauté, elle me dit :

— Vous allez voir apparaître la beauté des

beautés : Mlle Jeanne d'Armaillac! Et quand je pense que je ne peux pas lui trouver un mari! Le moraliste aurait bien plus raison aujourd'hui s'il disait encore : « Pauvreté n'est pas vice : c'est bien pis. »

Il y a de par le monde une multitude de jeunes filles qui ont tout ce qu'il faut pour faire le bonheur des hommes, mais les hommes ne veulent pas de ce bonheur-là quand il n'y a pas d'argent. La France est le dernier des pays au point de vue du mariage; c'est surtout en France qu'un moraliste a pu dire : — Il n'y a pas de bonheur sans chiffres. — Dans les autres nations l'homme ne s'inquiète pas du lendemain; pour lui l'amour est de l'argent comptant, la dot c'est la beauté, c'est le cœur, c'est l'esprit; mais en France on a peur du lendemain comme d'un créancier; on ne songe pas à capitaliser son bonheur, mais on songe à capitaliser ses revenus. On s'arrange dans sa vie comme dans une forteresse qu'on ne veut pas laisser prendre par la misère. On a si peur de la mauvaise fortune qu'on ne laisse pas de place à la bonne fortune; l'argent fait faire plus de lâcheté que l'amour lui-même. Et pourtant un poëte de l'anthologie a dit : — C'est le plus brave, mais c'est le plus lâche des dieux.

Mlle Jeanne d'Armaillac devait subir le contre-coup de cette vérité : elle était belle, elle avait de l'esprit, elle portait un grand nom, elle possédait toutes les grâces de la femme, mais elle était pauvre.

Quand je dis qu'elle était pauvre, cela veut dire que sa mère comptait à peine douze mille livres de rente, de quoi se cacher à Paris. La mère se montrait et faisait des dettes; toutefois on ne menait pas grand train dans la maison depuis la mort du père : un appartement de 2,400 francs, une table mal servie, une couturière de troisième ordre, voilà quelles étaient les folies de Mme d'Armaillac. Mais le chapitre des gants et des bottines, mais le chapitre des chapeaux et du blanchissage! Pourtant à force d'économie on ne faisait guère que 3,000 francs de dettes par an.

Comment doter Mlle Jeanne d'Armaillac en faisant des dettes? La mère parlait d'une vieille tante qui avait un vieux château, mais on savait déjà que le vieux château et la vieille tante passeraient à Dieu par les églises. Comment faire? Après tout puisqu'on a vu des rois épouser des bergères, pourquoi ne verrait-on pas un prince épouser une d'Armaillac?

Quand Mlle d'Armaillac fit son entrée chez la duchesse, ce fut un éblouissement ; la beauté est comme le soleil, elle rayonne, surtout quand elle apparaît dans toutes les luxuriances de la jeunesse.

On annonça Mme et Mlle d'Armaillac. Quoique la mère fût en avant, on ne la voyait pas, on n'avait d'yeux que pour la fille. Tout un cercle s'était formé. Une curieuse qui avait été jolie, qui était charmante encore, s'avoua vaincue par ce cri involontaire : « Elle est trop belle. »

Mlle d'Armaillac passa victorieuse avec la majestueuse indolence d'une déesse de l'Olympe, qui eût entraîné cent mille adorations. Elle portait dans sa physionomie cette froideur irritante, qui n'est que le masque des grandes passions.

Quoique Mlle d'Armaillac fût originaire du Midi, c'était une femme du Nord par je ne sais quelle gravité méditative ; la rêverie avait hanté son beau front. Mais c'était une blonde du Midi plutôt qu'une blonde du Nord ; ses cheveux avaient bien plus le rayonnement vénitien que les pâleurs anglaises. Ses yeux noirs d'ailleurs avaient tout l'accent méridional, quoiqu'elle les voilât par une expression de dédain. C'était le volcan caché sous la neige. Certes il n'y avait pas ce soir-là dans les salons de la duchesse une plus altière dédaigneuse; il semblait qu'elle fût pétrie d'une autre pâte que les femmes d'à côté, non pas qu'elle fût vaine de sa beauté, mais, ainsi que ces spectateurs qui s'ennuient au théâtre, elle ne daignait s'amuser au spectacle du monde.

C'est parce que jusque-là son cœur était resté fermé à triple verrou.

Pour la plupart des femmes, être belle ce n'est rien, si on n'est aimée : être aimée ce n'est rien, si on n'aime pas. Je ne parle pas ici des Célimènes, celles-là ne sont belles que pour se regarder, celles-là n'ont des lèvres que pour baiser leur éventail.

III.

UNE VALSE INFERNALE.

Madame et Mlle d'Armaillac avaient été conduites par le duc de Banos dans le salon où on dansait. Il n'y avait plus une seule place à prendre, mais la beauté fait des miracles : deux femmes laides se levèrent et disparurent comme si elles avaient eu peur d'être en trop grande lumière à côté de la jeune fille. De toute part on se disait : Quelle est donc cette nouvelle venue? On la connaissait à peine parce qu'elle n'aimait pas le monde et qu'elle s'obstinait contre toutes les fêtes, savourant le coin du feu avec un roman d'un côté et un piano de l'autre, deux amis qu'on prend ou qu'on repousse selon la fantaisie du moment. On répondait çà et là aux curieuses qu'elle s'appelait Jeanne d'Armaillac.

— Il est bien heureux qu'elle soit belle, dit une de ses voisines, car sa mère est sans le sou.

— Ma foi, dit une autre, la beauté c'est de l'argent comptant; la donneriez-vous à votre fils?

— Non, mon fils n'est pas assez riche pour épouser une femme sans dot.

Celle qui parlait ainsi ne donnait à son fils que 100,000 francs de rentes, aussi était-il à la chasse de quelques millions. Depuis que tous les hommes mariés ont des maîtresses, que leur importe la beauté de leur femme?

Vingt danseurs s'étaient précipités pour promener dans les quadrilles cette beauté incomparable. Ils avaient le sourire sur les lèvres comme l'enfant qui va cueillir un fruit de pourpre ou d'or; mais Mlle d'Armaillac leur répondait un — Je ne danse pas — avec un dédain si superbe qu'il se retournaient soudainement avec le sourire en moins.

Jeanne causait avec sa mère, sans même paraître se douter qu'on dansât devant elle.

— Tu es étrange, ma chère Jeanne, lui dit la comtesse d'Armaillac, on dirait que tu n'es pas de ce monde.

— Qui sait? répondit Jeanne d'un air rêveur. Tu serais donc bien fière, reprit-elle en s'animant, de me voir faire des grâces au milieu de ces quadrilles. Regarde-moi donc toutes ces demoiselles, c'est la foire des filles à marier. Doit-on dire des bêtises là dedans !

— Je n'en doute pas, mais, vois-tu, ma chère, j'ai eu aussi mes quarts d'heure d'excentricité quand j'étais jeune...

Jeanne interrompit sa mère.

— Mais tu es encore plus jeune que moi.

— Peut-être. Je voulais te dire que dans le monde, il faut faire comme tout le monde. Il ne faut pas que l'orgueil vous aveugle jusqu'à nous jeter à travers champs par horreur de la grand'-route.

— Eh bien, maman, si on me demande à valser, je valserai. Tu sais que la danse n'est pas ce que j'aime.

— Valser, valser, dit la mère en se rembrunissant, c'est bon pour les femmes mal mariées. Or un peu plus tôt, un peu plus tard, je te réponds que tu seras bien mariée parce que j'y mettrai la main.

— Avec cela que tu as la main heureuse ; tu devais me gagner ma dot dans une obligation de la Ville de Paris, tu n'as rien gagné du tout.

— Il faut dire qu'il ne s'en est fallu que d'un numéro.

— Vois-tu, ce sera mon histoire, au lieu de prendre un mari qui m'apportera toutes les joies du mariage, j'en prendrai un à côté qui ne m'apportera rien du tout.

Le quadrille était fini ; l'orchestre jouait le prélude du *Tour du monde,* cette adorable valse qui a fait tourner tout le monde.

Un valseur s'approcha qui échangea avec Mme d'Armaillac un sourire presque invisible ; on eût dit qu'ils se connaissaient de longue date, ou qu'ils appartenaient à la même franc-maçonnerie.

Celui-là ne salua pas avec l'humilité épanouie des autres jeunes gens qui s'étaient en allés comme ils étaient venus : il garda sa fierté native, tout en s'inclinant un peu pour demander à Mlle Jeanne d'Armaillac si elle voulait valser avec lui. Quoique sa mère ne lui en eût pas donné la permission, Jeanne se leva et prit le bras du jeune homme comme si elle eût obéi à sa destinée.

— Vous ne me l'enlevez que pour la valse, dit Mme d'Armaillac qui aimait trop à faire des mots.

Le jeune homme lui répondit par le même sourire et il entraîna Jeanne qui était plus belle encore, comme si une baguette de fée eut soudainement allumé son âme.

— Mademoiselle, lui dit le valseur, j'avais traversé cette fête en train express, résolu de ne pas m'y éterniser, mais voilà que je vous ai vue, et je voudrais qu'elle durât toujours.

— Toujours! monsieur. Combien de minutes?

— Combien y a-t-il de minutes dans une nuit?

Et il avait entraîné Jeanne dans le tourbillon.

C'était la première fois qu'elle se sentait emportée jusqu'à l'enivrement. Il lui était arrivé çà et là de valser, depuis deux hivers qu'elle allait dans le monde, mais sans s'abandonner à l'ivresse de la valse. Elle sentait sa fierté tomber sous les regards brûlants de M. de Briançon; elle s'irritait contre elle-même de se sentir à demi vaincue, mais c'est en vain qu'elle voulait retrouver son air superbe. Un nuage passait sur ses yeux, une force invincible agitait son cœur.

Tous ceux qui regardaient valser ne voyaient que M. de Briançon et Mlle d'Armaillac ; les autres valseurs n'étaient que les satellites de ces deux astres éblouissants.

On remarquait que le jeune homme et la jeune fille se ressemblaient beaucoup. C'était la même nature indomptable, la même fierté de race, la même impertinence inscrite aux coins des lèvres ; ils étaient grands tous les deux, tous les deux avaient le même air dominateur. Il eût été bien difficile de prédire alors en les voyant qui resterait maître du champ de bataille entre l'homme et la femme. N'y a-t-il pas toujours un combat, un vainqueur et une victime ?

Il est rare que le hasard mette en présence un homme et une femme de la même force, du même type, du même caractère. Le proverbe « Qui se ressemble s'assemble » est faux comme tous les proverbes ; ce sont les contrastes qui vont l'un à l'autre : le brun aime la blonde, le nerveux aime l'indolente, le railleur aime l'ingénue, le raffiné aime la bête.

M. de Briançon et Mlle d'Armaillac risquaient donc beaucoup de ne pas s'entendre. En attendant, ils se trouvaient fort bien ensemble pendant cette valse tour à tour poétique, amoureuse et violente.

Les femmes continuaient à discuter sur la beauté de Mlle d'Armaillac. Comme les femmes sont petites presque toutes dans les salons de Paris, on la trouvait trop grande, mais on reconnaissait qu'elle avait un profil sculptural, ce qui voulait dire : une beauté de statue. On s'entend très-peu sur la beauté. Pour beaucoup de gens, les femmes qui ne chiffonnent pas leur figure pour deux sous de sentiment et quatre sous d'expression sont déjà hors concours. Il faut savoir jouer des yeux et du regard, faire des mines à tout propos, en un mot endimancher son visage. Grâce à Dieu, Mlle d'Armaillac avait trop le sentiment du grand air pour faire des mines ; la dignité simple ou la simplicité digne était pour elle le véritable cachet. Elle avait un autre caractère de la beauté, bien rare chez les blondes, c'était la pâleur doucement rosée que n'ont presque jamais les blondes, mais elle n'en était pas pour cela moins vivante; le sang s'accusait par les lèvres, le feu de l'âme par les yeux : ce n'était pas un regard, c'était un éclat de lumière. Les mains étaient d'une forme parfaite, mais elle gantait 6 3/4, pour ne pas dire 7; ce qui est un pléonasme dans la beauté. On pouvait en dire autant des pieds. Il y avait bien encore quelques autres imperfections : le cou se détachait avec grâce, les épaules étaient nourries de chair, mais les bras étaient un peu longs. Aussi, comme on parlait de son intimité avec la femme d'un ministre, une méchante femme qui passait par là ne manqua pas de dire : « Cette demoiselle a les bras longs. » On l'accusait de n'être pas étrangère à un grain de beauté qu'elle avait sur la joue au coin de l'œil comme la duchesse ***; on avait tort d'accuser la pierre infernale, car Jeanne avait fait tout au monde pour effacer ce qu'elle appelait le concetti de sa figure. Elle aimait l'esprit trouvé, mais non l'esprit cherché. Je ne sais si elle avait beaucoup de mauvaises habitudes mais elle avait celle de plisser son front, comme Junon dans les absences de Jupiter. En ces moments-là, elle altérait sa beauté jusqu'à l'effacer presque. Non-seulement le charme s'évanouissait, mais la discordance altérait la pureté des lignes. Quand elle se voyait ainsi dans un miroir, elle se fâchait contre elle-même, ce qui achevait de la défigurer un peu ; mais le plus souvent cette beauté souveraine gardait sa sérénité au point qu'on disait souvent : « Elle a mis un masque sur sa figure, pour être impénétrable. »

Rien ne transperçait de son âme ; jamais ses yeux ne disaient les battements de son cœur.

Cependant la valse était finie. M. de Briançon reconduisit Jeanne vers sa mère, mais non par le chemin, espérant se perdre un peu en route pour garder plus longtemps sa valseuse à son bras. Elle ne paraissait pas bien pressée elle-même de retrouver Mme d'Armaillac.

— Vous savez, mademoiselle, lui dit le jeune homme, vous savez que si vous voulez valser encore, je suis votre homme.

Cette manière de parler, qui aurait dû l'offenser, la remua jusqu'au cœur ; un peu plus elle répondait : « Eh bien ! si je valse encore, je suis votre femme. » Mais elle arrêta le mot sur ses lèvres.

— Quand je pense, reprit M. de Briançon, que je ne suis venu ici que pour être poli envers la duchesse et que me voilà emprisonné dans une féerie. Figurez-vous, mademoiselle, que je vais manquer à tous mes devoirs.

— Je n'en doute pas, dit Jeanne avec une fine moquerie. Je suis bien sûre que vous êtes attendu à quelque souper du Café anglais, ou à quelque bal du demi-monde !

— Tout juste, il y a à cette heure un souper d'actrices au Café anglais et un cotillon à perte de vue chez une demi-mondaine; or je suis attendu des deux côtés.

M. Martial de Briançon regarda doucement Mlle d'Armaillac.

— Si vous voulez valser trois fois avec moi, je n'irai ni d'un côté ni de l'autre.

— Valser trois fois avec vous, jamais ! Ce serait alors une vraie prison. Je serais d'ailleurs désespérée d'être une entrave à vos plaisirs nocturnes; je ne me jette pas ainsi à travers la destinée d'autrui; dépêchez-vous d'aller retrouver ces dames ou ces demoiselles : elles sont plus amusantes que moi.

— Elles sont peut-être plus amusantes que

vous, parce que c'est leur métier d'être amusantes, mais ce qui n'est pas douteux, c'est que je m'ennuierai beaucoup cette nuit dans leur compagnie, si vous me condamnez à ne pas rester ici.

— Je ne vous condamne à rien du tout, monsieur : si vous avez l'amour de la valse, vous trouverez des valseuses chez la duchesse. Voyez ces deux demoiselles bleues et roses.

M. de Briançon regarda autour de lui, après avoir vu l'adorable impertinence du sourire de Jeanne.

— Des valseuses! ces femmes-là! J'aime mieux les autres.

A ce moment même on rencontra Mme d'Armaillac. M. de Briançon salua gaiement et remit la fille à la mère, avec l'air dégagé d'un homme qui ne veut pas perdre son temps.

Qui fut bien attrapée, c'est Jeanne.

Le marquis de Satanas vint à moi.

— N'est-ce pas qu'elle est belle ?

— Oui, pour un rien je l'aimerais.

— Il est trop tard. Elle n'a pas voulu m'aimer, mais elle vient de valser dans l'enfer. Ma vengeance a commencé !

La figure du diable exprimait sous son sourire railleur la colère, l'amour, la jalousie.

M`lle` d'Armaillac avait vu s'éloigner M. de Briançon sans retourner la tête. On sait que les femmes ont des yeux derrière les oreilles. Suivez l'une d'elles dans la rue — vieille habitude parisienne qui ne mène pas à grand chose, — elle verra que vous la suivez, elle verra que vous avez des prétentions, elle verra que vous perdez patience, elle verra que vous bifurquez, le tout sans avoir tourné la tête une seule fois.

Jeanne soupira et murmura : — Il est parti.

En effet, Martial ne s'était pas arrêté aux bagatelles de la porte, il avait fait signe à un camarade de club; ils étaient sortis tous les deux du grand salon comme des gens qui vont prendre leur manteau en toute hâte. Ce camarade, c'était René Marbois, un auditeur au conseil d'État qui n'écoutait pas beaucoup de ce côté-là ; il vivait trop la nuit pour être bien éveillé le jour.

— Dis-moi donc, demanda-t-il à Martial, que vas-tu faire de cette belle fille, avec qui tu valsais si éperdument?

— Oh! mon Dieu, répondit Martial, c'est

peut-être la première et la dernière fois que nous faisons ensemble *le tour du monde.* Je ne l'avais jamais tant vue. Je connais vaguement sa mère qui aime les conversations à l'emporte-pièce. Je lui ai parlé de ceci, de cela, un soir que je m'ennuyais chez le ministre des cultes. C'est une femme honnête qui a une langue du diable.

— Elle a mis au monde une fille superbe. Tudieu, la belle créature !

— Oui, mais ce n'est pas là mon idéal : il y a trop de la déesse dans cette fille : tout à l'heure je m'imaginais que je valsais avec une statue.

René se récria :

— Une statue, Dieu merci, tout à l'heure tu l'as joliment fait descendre de son piédestal ! Un peu plus cette Galatée chantait *Évohé,* comme Mme Ugalde.

— Non, elle aura des éclairs d'emportement, mais elle retournera à son piédestal cinq minutes après. Tu sais mon goût, j'aime la vraie Parisienne, moins haute et moins grave, la Parisienne fleur et oiseau qui sourit toujours et qui ne médite jamais. La vie n'est pas un livre sérieux.

— Oui, je te connais, tu aimes la Parisienne chiffonnée ou à chiffonner.

— Tu y es! Que diable veux-tu que j'aille perdre mon temps avec ces grandes demoiselles à marier?

— D'autant plus que celle-ci n'a pas de dot.

— Tu es bien renseigné, toi?

— Oh! mon Dieu, sa mère n'en fait pas un mystère. Elle m'a dit à moi-même qu'elle donnait à sa fille pour cinquante mille francs de diamants, pas un radis — je me trompe, — pas un rubis de plus! Mme d'Armaillac est réduite depuis la mort de son mari à douze mille livre de rente, avec quoi il faut qu'elle fasse figure.

— Faire figure et faire sa figure avec douze mille livres de rente, c'est bien p u.

— C'est égal, Mlle d'Armaillac est si jolie qu'on la prendrait pour rien.

— Je crois bien, on lui donnerait même de l'argent.

— C'est un mot! Tu aimerais mieux cela toi?
— Peut-être.

Les deux camarades avaient descendu l'escalier, traversé le vestiaire et pris un coupé pour aller achever la soirée au Café anglais.

IV.

COMMENT ON SOUFFLE SUR LE FEU.

O r, pendant que René renseignait si bien M. de Briançon, Mlle d'Armaillac n'était pas non plus mal renseignée; voici comme :

A peine son valseur avait-il tourné les talons, qu'un autre était survenu. Jeanne avait d'abord dit qu'elle ne voulait plus valser, mais dans son dépit d'être sitôt plantée là par Martial, elle aima mieux s'étourdir dans une seconde valse; elle avait donc promis de valser encore, comme pour continuer son rêve.

Il restait une place sur le canapé; le nouveau valseur qui connaissait la mère ne fit pas de façon pour s'asseoir près de la fille, pendant qu'on dansait le quadrille. Comme Mme d'Armaillac, une bonapartiste passionnée, discutait alors avec M. de Kératry, qui lui prêchait les douceurs du quatre septembre, le nouveau venu entra de plain pied dans l'esprit de Jeanne en lui parlant de celui qui venait de valser avec elle.

— Je suis bien sûr, mademoiselle, que vous ne connaissez pas celui qui a tourbillonné avec vous?

— Non, monsieur; si on connaissait son valseur on ne valserait jamais.

Le jeune homme s'inclina.

— Je vous remercie, mademoiselle, mais il ne faudrait pourtant pas me confondre avec M. de Briançon. Je suis un homme sérieux.

Cette fois, ce fut la jeune fille qui s'inclina avec une adorable raillerie :

— Cela se voit bien, monsieur. Je suis sûre que vous êtes dans la magistrature.

— Vous avez deviné, mademoiselle, je suis depuis hier substitut du procureur de la République.

— Depuis hier, monsieur, et ce bonheur ne vous suffit pas, il faut encore que vous veniez vous amuser dans le monde.

— Oui, M. Dufaure, qui est mon protecteur et qui a plaidé pour la duchesse, m'a obtenu une invitation, en disant que j'étais capable de conduire le cotillon.

Jeanne s'inclina une seconde fois.

— Décidément, monsieur, vous êtes un homme sérieux. Je reconnais bien là la magistrature.

Un silence. Le jeune homme ne trouvait plus rien à dire, mais la jeune fille aurait bien voulu qu'il lui parlât de M. de Briançon.

Il sembla la deviner, car presque aussitôt il lui dit :

— Ce M. de Briançon devrait bien, pour l'honneur de son nom, ne pas scandaliser Paris par ses dévergondages galants; il n'y a pas une drôlesse avec laquelle il ne s'affiche ; par exemple, hier encore, figurez-vous qu'il était à l'orchestre des Italiens avec Mlle Cora-Sans-Perles, une bottine au vent s'il en fut.

Jeanne masqua un accent de colère, en disant au jeune magistrat :

— Il paraît, monsieur, que vous les connaissez bien vous-même ces drôlesses.

— Que voulez-vous, mademoiselle, il faut bien connaître son Paris, sans quoi on s'exposerait à faire beaucoup de bêtises, depuis que toutes les femmes ont la même couturière.

— C'est imprimé, dit Mlle d'Armaillac avec impatience.

— Mais, reprit l'indiscret d'un air fin, il y a connaître et connaître, moi je connais ces demoiselles tout juste pour ne pas leur parler, tandis que M. de Briançon les connaît pour leur avoir trop parlé. Par exemple, le voilà parti, savez-vous où il va ? J'ai entendu parler d'un bal et d'un souper je ne sais où, c'est là qu'il conduira le cotillon : à chacun selon ses œuvres. On ne peut pas dire de ces messieurs qu'ils ne voient pas lever l'aurore, car ils se couchent quand le soleil se lève.

Jeanne se mordait les lèvres et agitait son éventail. A chaque mot elle voulait interrompre le bavard, mais elle était plus curieuse encore qu'irritée.

— Oui, dit-elle, il paraît que tous les jeunes gens bien nés commencent par cette vie-là, mais ils prennent leur revanche.

— M. de Briançon ne prendra pas sa revanche, il sera toute sa vie détaché d'ambassade, toutes ces demoiselles l'ont compromis en se le jetant l'une à l'autre comme un volant à la raquette.

Jeanne ne voulait pas être vaincue, chaque mot la blessait, mais elle ripostait.

— J'ai ouï dire, murmura-t-elle en s'efforçant de garder son masque impassible, que le duc de Morny avait été le meilleur ministre, M. Janvier le meilleur préfet et M. Roqueplan le meilleur directeur de l'Opéra. Les imbéciles ne font pas parler d'eux ni en bien ni en mal.

Le jeune magistrat ne prit pas cela pour lui, quoique Jeanne le regardât fixement.

— Oh! dit-il, je ne veux pas la mort du pécheur, il faut que jeunesse se passe, mais on doit toujours sauvegarder sa dignité pour l'honneur de son nom et de sa famille. M. de Briançon a mangé les trois quarts de sa fortune, c'est son affaire; mais ne fait-il pas rougir les cheveux blancs de son père en s'accoudant tous les jours sur son balcon avec une créature nouvelle? J'en sais quelque chose, car il demeure au numéro 8 ou 10 de la rue du Cirque et moi je demeure au numéro 7 presque en face.

— Je suppose, dit Jeanne, que vous vous exercez pour bien parler au palais. Est-ce que vous auriez un réquisitoire à fulminer demain contre M. de Briançon ou un de ses pareils?

— Oh! nous n'avons pas de ces causes-là en province, car je ne suis pas nommé à Paris.

Jamais on n'avait si bien réussi à mettre un homme sur un piédestal — quand on voulait le mettre en pièces — que venait de le faire le substitut du procureur de la République.

Cependant on jouait la valse de *Faust*. Le jeune magistrat se leva et offrit la main à Jeanne. Elle eut l'idée de l'envoyer valser tout seul, mais elle se résigna. Seulement, je doute qu'il trouvât un violent plaisir dans ce violent exercice, car sa valseuse se fit traîner, comme si elle ne voulût pas aller du même pas que lui. Les curieuses de tout à l'heure firent cette réflexion que le substitut du procureur de la république n'était pas un entraîneur comme M. de Briançon. Il suait à grosses gouttes et semblait soulever une montagne. Aussi, à la reprise, Mlle d'Armaillac le remercia, comme si c'était fini. Il insista, désespéré d'être ainsi lâché, mais elle lui dit : « La tête me tourne, » et elle s'en alla vers sa mère. Une des assistantes s'écria :

— Si la tête lui tourne, ce n'est pas lui qui lui fait tourner la tête.

Sans doute le jeune homme ne se tint pas pour battu, car, vers la fin de la soirée, quand il eut beaucoup causé avec la mère, Mme d'Armaillac dit à sa fille :

— C'est la destinée qui nous a conduites ce soir chez la duchesse; ce jeune homme qui a dansé avec toi t'épousera si tu veux.

Tel est l'aveuglement de l'amour que Mlle d'Armaillac s'imagina que sa mère lui parlait de M. de Briançon, mais elle tomba bien vite du haut de cette illusion quand sa mère continua par ces mots :

— C'est un homme accompli, il aura un jour 45,000 livres de rentes. Il n'est pas noble, mais il est d'une bonne famille. Et puis, la magistrature, c'est déjà la noblesse de robe. D'ailleurs, il s'appelle M. Delamare, on peut supposer qu'il s'appelle M. de la Mare, c'est une simple question d'orthographe. Il vient d'être nommé à Dax ; c'est un peu loin, mais ce ne sera qu'un voyage d'agrément pendant la lune de miel, car il paraît qu'il viendra à Versailles avant six mois ; Versailles c'est Paris.

Mlle d'Armaillac regarda sa mère à deux fois.

— Dis-moi, lui dit-elle, est-ce que tu parles sérieusement? Tu arranges ma vie avec l'air le plus dégagé du monde; tu m'envoies à Dax comme si tu m'envoyais à Saint-Cloud; tu sais bien pourtant que je n'aime pas la magistrature.

— C'est là ton tort, moi je l'aime beaucoup. Les magistrats ne sont pas ce qu'un vain peuple pense; ils sont galants et spirituels. On ne les épouse pas pour aller vivre avec eux au palais, ils y laissent leurs robes et leurs bonnets carrés; une fois chez eux ou dans le monde, ils sont charmants.

— Eh bien, épouse toi-même M. Delamare, puisque tu aimes tant la magistrature, dit Jeanne à sa mère.

— Voyons, je suis sérieuse, reprit Mme d'Armaillac, c'est une vraie bonne fortune; on ne trouve pas tous les jours 45,000 francs de rente sous les pas d'un valseur. Songe que tu n'as rien, que mes revenus sont en viager, que nous n'avons pas d'espérances vers quelqu'un des nôtres. On n'épouse plus, à Paris, les filles pour leurs beaux yeux.

— Je ne me marierai pas.

— Tu déraisonnes ; il n'y a rien de plus ridicule qu'une vieille fille.

— Je ne suis pas encore majeure.

Mme d'Armaillac avait parlé jusque-là avec douceur, mais elle monta le ton pour dire à sa fille :

— Je veux que tu épouses M. Delamare.

— Maman, tu perds la tête ; c'est surtout sur ces questions-là qu'il faut dire : Nous voulons.

— Te voilà encore avec tes paroles irritantes. C'en est assez. Je te forcerai bien à faire ton bonheur malgré toi ; je connais mon devoir.

— Mademoiselle, voulez-vous danser avec moi ?

C'était un danseur effréné qui ne voulait pas perdre un quadrille et qui venait fort à propos interrompre cette maternelle et filiale conversation.

— Non, monsieur, je ne danse pas, dit encore une fois Mlle d'Armaillac.

Et se tournant vers sa mère :

— Viens-tu, maman ?

— Déjà ! Je te reconnais bien là, ce n'était pas la peine de venir.

— Une autre fois, tu viendras toute seule.

Jeanne s'était levée ; sa mère se leva exaspérée.

— M. Delamare reviendra tout à l'heure ; il me trouvera fort impertinente de ne pas l'avoir attendu.

Tout justement, le jeune magistrat, qui ne cessait de lorgner Jeanne avec admiration, venait de s'approcher.

— La tête ne vous tourne plus, mademoiselle ?

— Je vous assure, monsieur, que je ne me sens pas très-vaillante depuis que j'ai valsé.

Jeanne aurait pu ajouter depuis que j'ai valsé avec M. de Briançon.

— Donnez-moi le bras, dit la mère à M. Delamare, vous allez nous conduire au buffet, après quoi nous nous en irons.

— Voulez-vous me permettre de vous accompagner jusqu'à votre porte ?

— Non, dit Jeanne, ce n'est pas votre chemin, puisque vous demeurez rue du Cirque.

Un quart d'heure après, Jeanne était seule dans sa chambre. Quoique ce fût une nuit d'hiver et que le rossignol ne chantât pas dans les branches, elle ouvrit sa fenêtre, comme s'il lui eût fallu voyager vers l'inconnu. Le souvenir de M. de Briançon s'imposait à elle avec une force irrésistible; cette figure souriante et railleuse d'un homme qui n'avait que le souci de s'amuser et de rire de tout, était là, toujours là sous ses yeux.

— Oui, dit-elle, c'est ma destinée qui m'a conduite ce soir chez la duchesse.

V.

PORTRAIT D'UN AMOUREUX ET D'UNE AMOUREUSE.

Martial de Briançon ressemblait à beaucoup de nos jeunes contemporains qui s'abandonnent lâchement au courant au lieu de le remonter avec courage.

Il faisait comme les autres, disait-il, quand on lui reprochait son désœuvrement. Les autres, c'étaient ses amis du club, ceux-là qui feront quelque chose un jour, mais qui, en attendant, se lèvent à grand'peine pour déjeuner, vont passer une heure chez quelqu'une de ces dames, montent à cheval pour faire le tour du lac, à moins qu'ils ne conduisent leur cocher de ce côté-là, rentrent pour dîner dans un cabaret à la mode, comme le Café anglais, vont perdre leurs soirées où il plaît à ces demoiselles, se risquent quelquefois dans le monde, sous prétexte que c'est encore par là qu'on fait son chemin.

Martial n'était dénué ni d'esprit, ni de cœur ; on citait plus d'un mot de lui ; il s'était bien conduit comme capitaine de mobiles pendant la guerre ; en politique et en art, il avait prouvé qu'il ne pensait pas comme tout le monde ; mais il était enchaîné par les mauvaises habitudes ; la paresse, son hôtesse familière, émoussait tous les matins sa volonté. Avec une fortune médiocre, il se disait qu'il faudrait bien pourtant un jour qu'il se décidât à faire œuvre d'homme, sinon œuvre de citoyen, qu'il travaillât pour lui, sinon pour les autres. Mais que faire ? Il connaissait le duc de Broglie : peut-être commencerait-il la carrière diplomatique par les consulats. Il regrettait de n'avoir pas continué le métier de soldat, après la Commune, puisqu'il serait aujourd'hui capitaine. Il avait un oncle banquier, mais son oncle n'aurait pas voulu de lui pour le dernier de ses commis ; lui, d'ailleurs, croyait que la Banque est trop roturière, quoique ses hauts barons aient depuis longtemps prouvé qu'ils avaient le haut du pavé. M de Briançon se disait, comme beaucoup d'autres, qu'en fin de compte, le vrai travail pour lui était de trouver une femme riche, qui serait trop heureuse de s'appeler Mme la comtesse de Briançon.

Il s'avouait bien un peu que les devoirs de la vie, réduits à cette recherche d'une dot, n'étaient pas dignes d'un galant homme, mais il se donnait raison, en se disant que ce n'était pas lui qui avait fait sa destinée. Il ne désespérait pas d'ailleurs de prendre un jour sa revanche. Ne pouvait-il pas entrer de plain pied dans la carrière politique? Déjà on lui avait proposé une candidature de conseiller d'arrondissement. En attendant il conseillait les femmes du 21° arrondissement.

Comme l'avait dit M. Delamare, quand Martial sortit de l'hôtel de la duchesse, ce fut pour aller au Café anglais, où il était attendu avec une bruyante impatience. Dès qu'il ouvrit la porte, une cantatrice inédite qui était au piano, courut se jeter à sa rencontre et l'étreignit à tours de bras: on eût dit qu'ils ne s'étaient pas vus depuis un an; c'était bien plus long, ils ne s'étaient pas vus depuis un jour.

— Je ne t'attendais plus, dit la cantatrice, un peu plus je me jetais dans les bras du vicomte.

— Je t'aurais repêchée, ma chère Marguerite.

La dame c'était Marguerite Aumont. Quoi qu'elle fût là avec des soupeuses un peu trop compromises, c'était une créature qui marquait beaucoup de distinction native dans ses airs nonchalants. On en eût fait une femme du monde, dans le meilleur monde. Elle était emportée par le courant, mais elle essayait de le remonter.

Elle s'était prise d'un vif amour pour le comte de Briançon, parce que lui-même était supérieur à tous les jeunes gens de son groupe. Elle devait débuter à l'Opéra ou aux Italiens, mais cette heure tant attendue n'avait pas encore sonné.

— Et pourtant, disait-elle, ce sera l'heure de mon triomphe.

Marguerite ne manquait ni de voix ni de méthode ; belle et grande, elle avait toutes les souplesses et toutes les élégances d'une comédienne qui a traversé la bonne compagnie. On ne doutait pas qu'elle ne prît pied sur la scène, où rien qu'en se montrant, elle devait éveiller toutes les sympathies. Au théâtre il faut charmer les yeux comme les oreilles.

Martial adorait Marguerite comme Marguerite adorait Martial. Je ne surprendrai personne en disant que cette adoration n'empêchait pas Martial de dépenser son cœur avec toutes les femmes, mais je surprendrai tout le monde, en disant que Marguerite, depuis six mois, n'avait pas trahi une seule fois Martial ; aussi commençait-on à parler d'elle comme d'une femme légendaire.

Vous pressentez que Mlle d'Armaillac venait bien mal à propos jeter son cœur dans cet incendie.

Le souper ne fut pas moins gai au Café anglais que chez la duchesse.

Mais, voilà bien le cœur humain : seul parmi ses amis, Martial était mélancolique ; quoiqu'il aimât éperdument Marguerite Aumont, il sentait que le souvenir de Mlle d'Armaillac le frappait au vif.

VI.

LES AMORCES DU PÉCHÉ.

E lendemain, ce fut la même obsession pour Jeanne que pour Martial, Jeanne avait rêvé de Martial : c'était Martial et non M. Delamare qui lui demandait sa main, c'était lui qui allait à Dax et qui revenait à Versailles. Voyage enchanté : elle se passionnait pour la magistrature, que dis-je, elle allait au Palais de Justice écouter son mari dans ses actes d'accusation ; elle le trouvait beau dans la majesté de sa robe noire. Terrible réveil : M. de Briançon n'était plus que M. Delamare.

Dans l'après-midi, une amie de sa mère vint prendre Jeanne pour aller au bois. Naturellement elle y chercha M. de Briançon, mais les gens de l'extrême mode ne vont au bois que quand les autres en reviennent. Ce fut donc vainement qu'elle jeta un regard furtif sur toutes les victorias et dans tous les coupés. Mais, quand elle remonta l'avenue de l'Impératrice, elle aperçut Martial qui conduisait un phaéton attelé de deux chevaux noirs, magnifiques bêtes fort connues sur le turf.

Elle espérait qu'il la saluerait d'un regard en passant, mais ce ne fut pas elle qu'il salua : il envoya le plus joli sourire à Mlle Fleur-de-Pêche, cette ingénue de 36 ans, qui recommence toujours sa comédie dans le même rôle. Ce sourire, que Jeanne aurait voulu prendre au passage, lui fut un coup de poignard.

— Il ne m'a même pas vue, dit-elle avec fureur. Mais que suis-je pour lui? Rien. Si j'étais une héritière, il s'occuperait peut-être de moi, mais une fille du monde sans dot, que peut-on faire de cela, tandis qu'avec ces filles-là on ne perd pas son temps.

Mlle d'Armaillac était bien prise.

Elle ne put s'empêcher de songer que les femmes les plus heureuses n'étaient sans doute pas les plus honnêtes. La vertu n'est donc pas récompensée sur la terre? C'est en vain qu'une jeune fille se sera résignée à tous les devoirs de l'éducation, à toutes les soumissions familiales, à toutes les charités évangéliques, à tous les renoncements du cœur et de l'esprit; en vain elle aura sacrifié l'orgueil du luxe et les enivrements de la passion. Qui lui tiendra compte de tout cela, si ce n'est sa conscience; or la conscience est-elle assez riche pour nous payer toujours à travers la pauvreté plus ou moins dorée? Tandis que celle qui se jette éperdument dans toutes les folies, vit à plein esprit et à plein cœur; c'est pour elle qu'on taille les diamants, qu'on file la soie, qu'on travaille la dentelle, qu'on élève des chevaux de sang, qu'on cultive le clos Vougeot et le château Yquem. Worth n'a pas assez de ciseaux, ni assez d'aiguilles, les théâtres n'ont pas assez d'avant-scènes. Pour celle-ci, la vie est une fête perpétuelle, une fête où on pleure comme dans toutes les fêtes, mais où on rit beaucoup plus qu'on ne pleure. Et celle qui s'est sacrifiée à Dieu et à sa famille, quand elle s'en va de ce monde, n'a souvent que le corbillard des pauvres, tandis que l'autre, qui s'est pavanée dans les sept péchés mortels, a tout une suite de reporters qui vont chantant son épitaphe dans les journaux. Est-ce donc l'heure de la revanche quand elles montent toutes les deux au ciel? Celle qui a traversé toutes les richesses, tombe dans l'abime des misères, tandis que celle qui a traversé tous les sacrifices, s'élève dans le rayonnement infini. C'est l'évangile qui dit cela, mais l'évangile ne dit-il pas aussi que Dieu a pardonné à Magdeleine courtisane et à Magdeleine adultère.

Voilà ce que se prêchait à elle-même Mlle d'Armaillac, dans le landau de l'amie de sa mère. Une brèche était déjà faite à sa vertu. Ce fier orgueil qu'elle portait sur le front, dans le regard, au coin des lèvres, n'allait-il pas la perdre au lieu de la préserver?

— Ah! il ne m'a pas vue, murmura-t-elle. Je le forcerai bien à me regarder.

VII.

LE DUO A TABLE.

Ce soir, la mère et la fille dînaient rue de Morny, chez Mme de Tramont, cette femme à la mode qui ne s'offensait pas trop d'être surnommée forte en gueule, parce qu'elle avait la plus belle bouche du monde et qu'elle débitait de l'esprit à tort et à travers.

Mme de Tramont avait toutes les semaines de l'hiver douze personnes à dîner, qu'elle choisissait ça et là dans le monde de l'aristocratie, et dans le monde littéraire ; c'était la confusion des races et des esprits.

Elle était encore belle, quoiqu'elle fût à son regain, voilà pourquoi elle n'était pas jalouse, voilà pourquoi Mme et Mlle d'Armaillac étaient de ses invitées parmi les femmes. La fille était fort belle, et la mère n'était pas encore trop en ruines ; d'ailleurs la mère était comme Mme de Tramont, une jolie forte en gueule.

Quoique Jeanne mit en retard Mme d'Armaillac, elles n'arrivèrent pas les dernières chez Mme de Tramont ; on avait invité, ce jour-là, une grande dame Italienne, renommée pour sa belle voix, qui ne vint qu'à sept heures et demie, appuyée au bras de M. Martial de Briançon.

— Cinq minutes de plus, dit Mme de Tramont, j'aurais dit : « Mieux vaut jamais que tard. »

— Remarquez, madame, dit Martial, que c'est l'illustrissime chanteuse en *i*, avec un beau point sur l'*i*, qui m'a mis en retard.

— Mais monsieur, dit la chanteuse, je n'ai pas l'honneur de vous connaître.

Ils étaient arrivés en même temps à la porte de l'appartement ; dans l'antichambre, M. de Briançon avait offert son bras pour entrer dans le salon.

— Oui, dit Martial, en s'inclinant vers la dame, mais moi je vous connais bien, or mes chevaux ont suivi les vôtres, qui n'allaient pas vite du tout. Je ne voulais pas les dépasser pour avoir l'honneur de vous offrir mon bras dans l'antichambre de Mme de Tramont.

Martial avait salué tout le monde, il s'approcha de Mlle d'Armaillac comme s'il se la fût réservée pour la bonne bouche.

— Eh bien, dit Mme de Tramont, puisque vous en êtes à Mlle Jeanne, donnez-lui votre bras pour la conduire à la salle à manger.

Ce qui fut dit fut fait :

— Mademoiselle, dit Martial, j'avais tout justement gardé un regret hier au bal; comment ai-je pu oublier de vous offrir après la valse une coupe de café glacé, au buffet? Je vais aujourd'hui réparer tous mes torts.

— Ce sera d'autant mieux, dit Jeanne, que j'ai soif depuis hier.

En effet, Jeanne avait la fièvre. Chez Mme de Tramont on se plaçait à la diable : elle ne voulait pas qu'on lui reprochât d'avoir mis le froid avec le chaud, le pacifique à côté de l'emporte-pièce. Naturellement M. de Briançon ne céda pas sa place à côté de Mlle d'Armaillac.

Quand on est douze à table, la conversation est presque toujours une, surtout dans les maisons comme celle de Mme de Tramont, où on rédige en dînant la gazette politique, littéraire, mondaine et scandaleuse de Paris.

Martial qui connaissait les habitudes de la table, commença à parler haut de ceci et de cela pour payer sa contribution, se réservant de causer bientôt à mi-voix avec sa voisine, pendant que les « fortes-en-gueule » auraient la parole.

Au bout de cinq minutes il avait entamé la causerie la plus intime avec Jeanne.

Que se dirent-ils? que ne se dirent-ils pas? Jeanne qui avait beaucoup de cœur trouvait beaucoup d'esprit à Martial. Il se montrait tour à tour passionné et amusant, ne prenant ni lui ni les autres au sérieux. Il tentait de prouver à Jeanne qu'elle était la plus belle entre toutes et qu'il l'aimait éperdument.

— Je n'en crois pas un mot, lui dit-elle tout à coup.

— Parce que je ne vous dis pas cela avec la figure du jeune Werther, reprit-il en allumant ses yeux; mais la figure ne fait rien à l'affaire; croyez-vous que par cela que nous ne sommes plus au temps du pâle sentimentalisme, nous n'ayons pas autant de cœur que tous ces pleureurs de l'ancien régime; nous sommes comme le gladiateur, nous allons à l'amour avec un sourire.

— Vous avez raison, dit tristement Mlle d'Armaillac, aller à l'amour c'est aller à la mort.

— Oui, mais par le chemin le plus long et le plus joli.

— Le chemin des larmes!

Martial regarda Jeanne.

— Mademoiselle, vous avez marché ce matin sur un pli de rose.

Jeanne essaya de sourire.

— C'est en valsant hier, monsieur, que j'ai marché sur un pli de rose.

Un silence. Martial hasarda quelques paradoxes sur les passions. Un second silence.

Jeanne reprit la parole sans lever les yeux.

— Vous parlez, monsieur, des passions, comme si vous ne viviez que là-dedans. Est-ce que vous en faites la grammaire à l'usage des jeunes personnes?

— Dieu m'en garde! d'ailleurs, je ne parle de l'amour que par ouï-dire, car je n'ai jamais aimé que vous!

— Je n'en doute pas, car après la valse vous vous êtes enfui en toute vapeur.

— Mademoiselle, je fuyais le danger.

— Vous êtes allé vous mettre à l'abri dans une petite fête du Café Anglais. Vous ne fuyez pas le danger avec ces demoiselles.

— Oh non, ces demoiselles ne me font pas peur! on ne craint pas avec elles de s'enchevêtrer dans une passion sans fin ; tandis qu'avec une fille du monde comme vous, on se jette tout entier dans la fosse aux lions; on y met son cœur, son âme, sa vie; on est prêt à tous les sacrifices, à toutes les folies, à tous les héroïsmes.

Quoique Mlle d'Armaillac fût très-émue, elle trouva assez de présence d'esprit pour interrompre Martial en lui disant :

— On croirait que vous jouez un rôle d'amoureux au Gymnase.

Et lui, dépassant le diapason :

— Mademoiselle, vous n'aimerez jamais!

Jeanne répéta comme un écho.

— Jamais!

Mais M. de Briançon qui voyait bien l'émotion à travers le masque, ne se tint pas pour battu ; il sentait que son magnétisme amoureux frappait fortement la jeune fille, il pensait qu'un jour ou l'autre, s'il le voulait bien, elle lui tomborait dans les bras comme une fraise vous tombe dans la main en agitant le fraisier.

Il y a une fable italienne qui peint à merveille ces premiers enlacements. Ce sont des amoureux rustiques qui veulent se fuir, mais qui se retrouvent toujours dans le même chemin ; le fil de la Vierge flotte autour d'eux ; peu à peu ils sont enchaînés par ces liens fragiles ; ils pourraient les briser, mais ils croient que c'est la volonté du ciel qui les emprisonne dans les bras l'un de l'autre. Ils n'ont plus que la force de s'aimer.

Tous les amoureux sont ainsi, ils s'emprisonnent dans des chaînes idéales, tout en s'imaginant que c'est écrit là-haut. Pas une femme qui ne se dise le jour de sa chute : c'était ma destinée !

Il faut bien se donner raison, quand on a tort.

Après le dîner, Mme de Tramont dit tout haut à M. de Briançon :

— Eh bien, mon cher ami, vous avez perdu votre temps : cela m'amusait bien de vous voir filer le parfait amour avec cette belle statue. Voyez-vous, mon cher, Mlle d'Armaillac est une déesse, il faut l'adorer, mais il ne faut pas l'aimer.

— O mon Dieu oui, vous avez raison, répondit l'amoureux en prenant un air de bonne bête, oui, j'ai perdu mon temps, mais le meilleur de son temps, voyez-vous, c'est encore le temps perdu.

Mme de Tramont se tourna vers Mme d'Armaillac : — Quand vous aviez vingt ans, est-ce que vous étiez comme Jeanne? Est-ce que vous aviez un cœur de Paros et de Cararre?

— Oui, dit Mme d'Armaillac.

Et se penchant à l'oreille de Mme de Tramont :

— Mais je me suis joliment rattrapée depuis.

— Oh! vous êtes comme moi, vous vous parez des plumes du paon; vous avez eu la bêtise de la sagesse. Ce que c'est que d'être bien née!

— Puisque je vous tiens un instant, reprit Mme d'Armaillac, il faut que je vous dise une bonne nouvelle. Je vais marier Jeanne.

— Marier Jeanne! à qui? à quoi?

— On ne vous a jamais parlé d'un jeune magistrat qui s'appelle M. Delamare?

— La mare, de la mare, à la mare, non jamais.

—Eh bien! si je ne me trompe, ma fille s'appellera, avant six semaines, Mme Delamare.

— Comment est-il? Beau ramage et beau plumage?

— Vingt-cinq mille livres de rentes et tout autant plus tard.

— Elle l'aime?

— L'amour dans le mariage, nous avons bien vécu sans cela nous autres.

— Et qui a décidé ce dénoûment?

— Mon frère. Que voulez-vous, ma chère amie, quand on n'a plus que son nom et ses diamants...

Mme de Tramont, qui avait été fort malheureuse avec son mari, ne put s'empêcher de dire :

— Quel malheur de donner un si belle fille à un mari!

Pour Mme de Tramont, un mari était une espèce à part, indigne en tout point de vivre avec les femmes.

Elle n'avait pas trahi la foi conjugale, elle s'était hasardée dans quelques aventures sentimentales tout à fait platoniques, mais elle avait toujours eu en horreur les hommes mariés; pour elle, son mari et les autres maris, c'était tout un.

Mlle d'Armaillac, qui écoutait aux portes, fut désespérée d'apprendre par un mot de sa mère que c'était son oncle qui avait eu l'idée de la marier au jeune magistrat. Son oncle l'adorait ; il était son refuge contre sa mère, dont elle subissait trop souvent les caprices ; elle espérait que le jour venu il lui donnerait une petite dot ; elle vivait donc très-soumise à son oncle jusque-là : comment lui résister quand il allait la supplier d'épouser M. Delamare ? c'était un mariage de raison s'il en fut.

La figure de Jeanne venait de se rembrunir singulièrement.

Quand Mme et Mlle d'Armaillac rentrèrent chez elles vers minuit, il y eut entre elles une terrible explication, quoique Jeanne se fût efforcée de garder le silence devant les remontrances de sa mère.

Mme d'Armaillac reprocha à Jeanne d'avoir trop flirté avec M. de Briançon.

A la fin, Jeanne, ne se dominant plus, dit à sa mère qu'elle ne comprenait pas ce mot-là qui n'était pas dans sa grammaire, ni au couvent, ni dans le monde.

— Malheureusement, dit Mme d'Armaillac, c'est maintenant un mot français. Les jeunes filles ont si bien imité les Américaines que nous sommes forcées de prendre des expressions au Nouveau-Monde.

— J'avoue, murmura Jeanne, que c'est de l'hébreu pour moi.

— Je te dis encore une fois que c'en était scandaleux : tu avais l'air de boire les paroles de ce jeune homme, si bien que M. Delamare en sera averti, je n'en doute pas.

Jeanne bondit.

— M. Delamare! Ne dirait-on pas que je suis sa femme!

— Plût à Dieu que tu fusses sa femme! je n'aurais plus à m'inquiéter de toi.

— Je ne sais pas pourquoi tu t'inquiètes de moi, on dirait vraiment que je ne peux pas marcher toute seule.

Je ne veux pas redire mot à mot toute la conversation ; ce que j'ai rapporté n'était que le début. Les paroles amères succédèrent aux paroles froides, les paroles violentes aux paroles amères. Ce fut au point que Mme d'Armaillac prit sa fille par le bras et la jeta hors de sa chambre en lui disant :

— C'en est trop, tu me feras mourir de chagrin.

Comme toutes les femmes emportées, Mme d'Armaillac avait ses bons et ses mauvais quarts d'heure. Elle ne se connaissait plus dans la colère; elle était variable à ce point que son frère ne manquait pas de faire cette plaisanterie quand il la voyait rire ou pleurer : « Le baromètre est au beau temps, ou à la pluie; ou bien il est à la brise ou à la tempête. » Il la menaçait de ne plus venir chez elle qu'avec un parapluie, quand elle lui montrait ses larmes stériles. Aucune femme n'avait autant pleuré pour rien; aussi disait-elle souvent : — O mes nerfs! mes nerfs!

Jeanne était presque toujours impassible devant les variations de sa mère; elle la plaignait de ne se point contenir, elle l'embrassait dans ses larmes, mais sans vouloir se mettre à son diapason, ce qui désespérait Mme d'Armaillac, car elle aurait voulu que sa fille eût toutes ses joies et toutes ses douleurs.

Quand Mlle d'Armaillac fut ainsi jetée à la porte de sa mère, elle se demanda si vraiment elle était coupable. Coupable de quoi? Coupable d'aimer Martial. Mais l'entraînement avait été si rapide, en vérité, qu'elle ne pouvait dire : — C'est ma faute.

Elle entra dans sa chambre, elle alluma son bougeoir et se regarda dans la glace de la cheminée. Elle était si pâle qu'elle fut presque effrayée de sa pâleur. Depuis la veille, c'était une métamorphose : ses yeux étaient plus grands et plus enflammés, sa figure s'était pour ainsi dire imprégnée du sentiment profond qui agitait son cœur.

— Non, ce n'est plus moi, dit-elle.

Il y avait dans son regard je ne sais quelle vague tristesse qui lui fit peur.

— L'amour, c'est donc si triste que cela, reprit-elle.

Elle pensa à sa mère et à M. de Briançon; elle se sentit malheureuse.

— Elle me repousse, murmura-t-elle, et lui ne m'appelle pas.

Jeanne se mit à pleurer et tomba agenouillée devant son lit.

— O mon Dieu! dit-elle, sauvez-moi.

Mais elle ne sentit pas que Dieu fût là pour écouter ses prières.

Elle pria pourtant, mais elle s'aperçut bientôt qu'elle ne pensait qu'à Martial.

Elle se releva et se déshabilla lentement sans

bien savoir ce qu'elle faisait. Elle pensa qu'il lui serait impossible de dormir, tant elle avait de flammes dans la tête. Elle prit un roman pour se coucher, mais elle lut comme elle avait prié, sans pouvoir effacer l'image de M. de Briançon. Quand la passion prend fortement le cœur, il n'y a plus d'autre roman que la passion elle-même.

Vers le jour, Jeanne s'endormit pourtant, mais d'un sommeil clairvoyant qui agite plutôt qu'il ne repose. Aussi, vers neuf heures, quand elle descendit de son lit, elle avait la fièvre et ne pouvait dominer ses battements de cœur.

Une bonne pensée la conduisit vers la chambre de sa mère ; elle voulait l'embrasser et la ramener à sa douceur des bons jours, décidée à s'humilier, quoiqu'il en coûtât fort à son orgueil indomptable, mais non décidée pourtant à épouser M. Delamare.

Mme d'Armaillac ne fermait jamais le verrou de sa chambre, mais cette fois Jeanne ne put ouvrir la porte ; aussi elle frappa doucement. Mme d'Armaillac ne répondit pas, quoique Jeanne fût sûre qu'elle était éveillée, puisqu'on venait de lui porter une tasse de chocolat.

L'orgueil remonta vite dans cette jeune tête.

Jeanne retourna vers sa chambre en disant :

— C'en est fait ! tant pis pour moi, tant pis pour elle !

Elle acheva de s'habiller en toute hâte ; elle mit une robe noire, elle se coiffa d'un chapeau noir, elle jeta sur ses épaules son manteau de fourrures et descendit quatre à quatre l'escalier.

— Mademoiselle va à la messe ? lui cria la femme de chambre.

Jeanne ne répondit pas.

Quand elle eut descendu deux étages, elle faillit rebrousser chemin.

— Non, dit-elle, c'est impossible que j'aille jusque-là.

Après quelques secondes d'hésitation, elle descendit plus vite encore et ne se retourna plus.

Dans la rue, elle fit signe à un cocher et s'enferma dans une citadine, comme si elle se cachait.

— Où faut-il conduire madame ? demanda le cocher.

Mme d'Armaillac demeurait rue Malesherbes. Jeanne répondit au cocher :

— Tout près d'ici, rue du Cirque, mais par l'avenue Gabriel.

— Quel numéro?

La jeune fille n'osa pas dire le numéro.

— Vous vous arrêterez avenue Gabriel.

Et fouette cocher!

Vous voyez tout de suite où elle allait, si vous ne l'avez pas deviné.

Dans les rêves qui l'avaient tourmentée pendant son demi-sommeil, elle s'était déjà hasardée à cette maison qui était le paradis et l'enfer. Elle se rappelait qu'elle n'avait eu pas la force de monter, mais Martial était descendu et l'avait emportée chez lui comme par enchantement. Mais ce rêve se réaliserait-il? Qui sait d'ailleurs si M. de Briançon était là? Aurait-elle le terrible courage de franchir le seuil? Si elle allait rencontrer quelqu'un qui la connût? Et puis, elle ne savait pas à quel étage il demeurait. Comment oserait-elle le demander au portier?

Pendant que toutes ces idées la préoccupaient, la citadine allait bon train.

— Cette voiture va trop vite, dit-elle comme si elle sentit l'abîme sous ses pas.

La citadine arriva avenue Gabriel, au coin de la rue du Cirque.

Jeanne fut une demi-minute sans descendre;

le cocher la regardait et semblait ne pas comprendre.

— Oui, c'est bien ici, lui dit-elle.

Elle descendit enfin et marcha d'un pas rapide.

— Connu, connu, murmura le cocher qui n'était pas payé, elle ne veut pas que je sache le bon numéro. Il paraît qu'elle m'avait pris à l'heure.

Et l'automédon avança sa montre de cinq minutes avant de lire son journal. Il faut bien que l'instruction soit gratuite.

VIII.

LE DÉJEUNER DE MARGUERITE.

MADEMOISELLE d'Armaillac se trompa de côté. Elle faillit entrer dans la maison de M. Delamare.

— Oh! mon Dieu! dit-elle en traversant la rue, je n'y avais pas songé.

Elle entra sous une porte cochère et elle demanda à la portière à quel étage demeurait M. de Briançon.

Cette femme, tout en la dévisageant à travers son voile, lui répondit que c'était au troisième au-dessus de l'entre-sol. Et elle ajouta d'un air malicieux :

— Je crois qu'il y a quelqu'un.

Jeanne qui comprit eut bien envie de retourner sur ses pas, mais par un enfantillage de fierté, elle voulut braver la portière : elle passa outre, la tête levée, et monta bravement.

Au second étage, elle fut effrayée parce qu'un des locataires qui descendait la salua avec un sourire de politesse.

Elle s'imagina qu'elle était reconnue, mais il n'y avait plus à s'arrêter en route.

Une minute après, elle sonnait à la porte de M. de Briançon.

Un petit nègre vint ouvrir.

— Monsieur de Briançon ?

— Le nom de madame ?

— Une dame inconnue.

Le petit nègre sembla réfléchir, son maître lui avait dit à diverses reprises :

— Si tu laisses entrer celle-ci ou celle-là, je te jette par la fenêtre.

Mais il ne lui avait jamais dit :

— S'il se présente une dame inconnue, tu lui diras que je n'y suis pas.

Donc, après avoir pris conseil, le groom se décida à faire passer la dame dans le salon en disant qu'il allait avertir M. le comte.

— Est-ce qu'il y a quelqu'un ? demanda Jeanne en baissant la voix.

— Oui et non, répondit le nègre qui connaissait la langue diplomatique.

A peine eut-il disparu, que Jeanne entendit M. de Briançon qui disait :

— Une dame en noir, à dix heures du matin, c'est de mauvais augure.

— Sans doute, pensa Jeanne, il parle à un de ses amis.

Elle aurait voulu, comme dans les contes des fées, se faire invisible pour voir et pour entendre, mais déjà elle avait le regret d'être venue.

Martial entra, elle l'attendit sans faire un pas vers lui.

— C'est vous ? dit-il en souriant, pour cacher sa surprise.

Il lui prit la main.

— Non, ce n'est pas moi, dit-elle en arrachant son voile.

Elle était blanche comme le marbre, ses beaux yeux étaient cernés de noir, elle avait la figure tragique.

— Non, ce n'est pas vous, répéta-t-il. Que s'est-il donc passé ?

— Vous ne le devinez pas ?

Martial regardait Jeanne avec des yeux qui ne comprenaient pas.

— Parlez, qu'y a-t-il ?

— Il y a que je voudrais être à mille pieds sous terre.

Martial, qui ne pouvait s'empêcher de railler, même dans les moments les plus dramatiques, murmura :

— Oui, je connais cela. On voudrait être à mille pieds sous terre, mais pas à six pieds sous terre.

— Ne riez pas, reprit Jeanne, plus attristée encore, je voudrais être morte.

Martial prit doucement Mlle d'Armaillac dans ses bras avec un sentiment fraternel ; elle sentit que ce n'était pas l'amour qui parlait en lui, aussi lui dit-elle tristement :

— Je vois bien que vous ne comprenez pas pourquoi je suis venue.

Martial cherchait à lire dans les regards de la jeune fille.

— Je n'ose pas comprendre, murmura-t-il.

Cette fois il lui baisa le front, il lui baisa les yeux.

— Des larmes, dit-il.

— Non, je ne pleure pas, répondit Jeanne en relevant la tête et en se dégageant des bras de M. de Briançon, quoiqu'elle eût trouvé très-doux d'y rester. — Je sens bien, poursuivit-elle, que je vous dérange, je suis venue trop matin ou plutôt j'aurais dû ne pas venir du tout.

— Ah ! je comprends maintenant, dit-il en la ressaisissant dans ses bras ; que voulez-vous, je n'avais jamais pris les femmes au sérieux.

Martial appuya Jeanne sur son cœur avec plus d'effusion.

— Ah ! que je suis heureux, poursuivit-il.

— Non, vous n'êtes pas heureux, dit Jeanne en se dégageant encore ; vous n'êtes pas heureux, parce que vous ne m'aimez pas ; vous n'êtes pas heureux, parce que vous n'êtes pas seul ici : je sens qu'il y a une femme là dans votre chambre.

— Quelle idée ! où avez-vous vu cela ?

— J'ai une seconde vue, on ne me trompe pas. Dites-moi la vérité.

Il y avait tant de candeur dans les beaux yeux de Mlle d'Armaillac que M. de Briançon n'eut pas le courage de la tromper.

— Eh bien, oui, il y a une femme. Je vous aime trop pour ne pas vous dire la vérité.

— Qu'est-elle donc ici cette femme ?

— Vous savez, ou plutôt vous ne savez pas, nous sommes tous ainsi, nous vivons en camarades avec une fultitude de comédiennes égarées, qui n'ont d'intérieur que celui des jeunes gens qui soupent avec elles ; elles s'en reviennent avec nous sans savoir pourquoi ; c'est l'horreur de la solitude qui fait ces mariages-là ; le matin venu, on ouvre la porte et les oiseaux s'envolent.

Jeanne avait pris ce que disait Martial pour paroles d'Évangile. Il parlait d'un air si dégagé, qu'elle ne doutait pas que la femme qui s'était attardée dans sa chambre à coucher ne fût une étrangère pour ce coureur d'aventures.

— Eh bien, dit-elle, ouvrez la porte à cette fille ou je m'en vais.

— Oh non, vous ne vous en irez pas, mais donnez-moi le temps de mettre galamment l'autre à la porte. Je ne la connais — ni des lèvres, ni des dents, — mais elle m'a paru être une fille bien élevée : il faut lui donner un quart d'heure de grâce pour faire sa figure.

Et regardant en face Mlle d'Armaillac :

— Vous, il ne vous faut pas même une seconde pour faire votre figure, parce que vous avez l'éclatante beauté et l'éclatante jeunesse.

Jeanne, brisée par les mille émotions de son cœur et de son âme, tomba sur le canapé et se cacha la tête dans ses mains, pendant que Martial allait tenter de mettre galamment sa maîtresse à la porte.

Car celle — qu'il ne connaissait pas — était sa maîtresse depuis six mois.

Marguerite Aumont n'était pas la première venue : elle était jolie et elle avait le charme. Elle avait ses grandes entrées dans les salons de ces dames, depuis l'hôtel Rosalie Léon jusqu'à l'hôtel Cora Pearl. Mme Esther Guimond lui avait enseigné comment les femmes ont de l'esprit; Mlle Soubise, comment on peut toujours jouer et ne jamais perdre. Elle avait quitté un prince russe pour M. de Briançon. Elle devenait sérieuse : comme elle avait une belle voix elle jurait qu'elle deviendrait une grande cantatrice. En attendant, elle était amoureuse de Martial qui était amoureux d'elle. Il ne la quittait que le soir pour aller passer quelques heures dans le monde, dans l'arrière-pensée d'y trouver bientôt une femme plus ou moins millionnaire. Il était d'ailleurs de ceux qui aiment les deux mondes, l'un lui faisait aimer l'autre,— et réciproquement,— comme cette célèbre comédienne du Théâtre Français qui avait deux amants pour les aimer l'un par l'autre : quand elle n'en avait qu'un, elle ne l'aimait pas.

O La Rochefoucauld! ô voyageur intrépide dans les pays inaccessibles du cœur humain, que de forêts vierges tu n'as pas traversées !

Martial devait déjeuner avec Marguerite, un de ces gais déjeuners d'amoureux où on ne se mange pas de baisers, mais où on oublie que la vie est un devoir.

Comment M. de Briançon allait-il se débarrasser d'elle pour ce jour-là?

— Tu ne sais pas, lui dit-il en entrant dans le cabinet de toilette où elle était en train de se donner le dernier coup de pinceau, il m'arrive une belle-sœur.

— Une belle-sœur! s'écria Marguerite, tu ne m'avais jamais parlé de ton frère.

— Mon frère, j'en ai trois ou quatre; est-ce que j'ai l'habitude de te parler de ma famille? je ne suis pas comme toi qui me recommandes tous les jours ton père, ta mère — et ta sœur!

— Eh bien! qu'est-ce que tu veux que je fasse de ta belle-sœur?

— Ma chère amie, je suis forcé de déjeuner avec elle.

— Et moi?

— Toi, tu iras déjeuner chez ta sœur.

— Voilà une mauvaise plaisanterie.

— Je ne plaisante pas du tout; veux-tu vingt-cinq louis pour prendre un fiacre?

Marguerite allait se fâcher; mais, dans sa passion du luxe, la vue de l'or l'apaisait souvent; elle daigna sourire:

— Je voudrais bien voir le bout du nez de cette belle-sœur.

— Ne vas-tu pas être jalouse? Elle a le nez rouge.

— C'est qu'avec toi, on ne sait jamais sur quel pied danser; quand nous sortons ensemble, nous ne pouvons faire un pas sans rencontrer une de tes victimes; si elles se mettent à venir chez toi, Dieu merci, ce sera une procession.

— Allons donc, tu sais bien que je n'ai donné la clef qu'à toi seule. Va-t'en vite.

— Oui. Et ne reviens jamais, n'est-ce pas?

— Nous dînerons ensemble au café Riche; tu retiendras un cabinet, tu inviteras un de mes amis, si tu vas au bois.

— Est-ce que tu n'iras pas?

— Non, j'ai un cheval qui boite.

M. de Briançon embrassa Marguerite et la poussa doucement vers une petite porte donnant dans l'antichambre.

— Mon cher, lui dit-elle en s'en allant, c'est ton amour qui boite.

Quand Martial rentra dans le salon, Jeanne était toujours dans la même attitude.

— N'est-ce pas, lui dit-il, que la demoiselle a été bientôt e... 'diée?

— Ah! je respire, murmura Mlle d'Armaillac.

Un demi-sourire passa sur sa figure comme pour exprimer le sentiment de la victoire, mais presque aussitôt la tristesse reprit : elle voyait les ténèbres dans les rayonnements.

Martial alla s'asseoir à côté d'elle; quoiqu'il fût à outrance un chercheur de bonnes fortunes, sa figure exprimait l'inquiétude : c'est que l'aventure qui lui arrivait était trop inespérée et trop inattendue. Il avait beau faire bon marché de la vertu des femmes du monde, il ne pouvait en croire ses yeux, en voyant Mlle d'Armaillac assise dans son salon, lui apportant son cœur, sa beauté, son âme. Il avait certes bonne opinion de lui-même, mais il ne se croyait pas digne d'une pareille aubaine.

Il ne voulait pourtant pas prêcher Jeanne pour la remettre sur le bon chemin.

Ce qui tombe dans le fossé c'est pour le soldat, mais il se préoccupait déjà du lendemain. C'était une passion sérieuse qui avait amené cette jeune fille chez lui; après les heures d'enivrement, comment combattre cette passion? Il n'était pas payé pour faire de la morale.

Avant d'aller plus loin, il voulut causer un peu avec Jeanne pour bien savoir comment elle entendait l'amour, pourquoi elle était venue, si elle avait le dessein de ne pas s'en aller.

Il y a des femmes qui ne demandent qu'à faire leur confession. Jeanne aimait trop Martial pour ne pas tout lui dire; elle lui raconta mot à mot ce qui s'était passé depuis deux jours, comment il l'avait transfigurée par son amour, comment sa mère la voulait forcer à épouser un magistrat, comment à moitié folle de désespoir et de passion elle était venue lui dire: Je vous aime.

— Si nous déjeunions, dit tout à coup M. de Briançon.

— Ah! oui, murmura Mlle d'Armaillac, il y a un déjeuner qui était préparé pour cette demoiselle. Je n'ai pas faim.

— Voyons, il est onze heures.

— Eh bien, si vous avez faim, j'irai me mettre à table à côté de vous.

— L'appétit viendra en mangeant.

Martial sonna. Le petit nègre survint.

— Le déjeuner est-il servi?

— Oui, M. le comte.

— Il y a du bon feu?

— Un feu d'enfer, M. le comte.

Martial se tourna vers Jeanne :

— A la bonne heure, car on s'enrhume ici.

Il prit la main de Jeanne pour la conduire.

Mlle d'Armaillac ne fut pas peu surprise de s'apercevoir que le déjeuner était servi dans la chambre à coucher; elle faillit ne pas entrer dans cette chambre où Marguerite était encore un quart d'heure auparavant. Mais les choses avaient été bien faites; tout était remis en ordre avec beaucoup de tact; n'eût été le lit, on n'aurait pas dit que ce fût une chambre à coucher.

M¹¹ᵉ d'Armaillac soupira et passa le seuil; depuis qu'elle avait blessé son orgueil, elle semblait résignée à toutes les humiliations, pourvu qu'elle écoutât son cœur.

Sans rien regarder, elle alla tout droit s'asseoir au coin de la cheminée où on avait en effet allumé un feu d'enfer.

— Aimez-vous le vin de Champagne ou le vin du Rhin? lui demanda Martial.

— Ni l'un, ni l'autre, je ne bois que de l'eau.

— Vous êtes un bien mauvais convive, hier vous n'avez rien mangé du tout. Je me souviens pourtant que je vous ai versé à boire et que vous avez bu sérieusement.

— C'était la fièvre.

— Il faut pourtant que vous goûtiez, ne fût-ce que du bout des lèvres, à ces œufs brouillés aux truffes, ou à cette terrine de foie gras.

M¹¹ᵉ d'Armaillac prit une grappe de raisin.

— Je vais croquer ces beaux grains de raisin.

Martial s'était assis contre Jeanne, il prit une grappe de raisin et la lui passa sur la bouche.

— Voulez-vous savoir, reprit-il, comment les champenois et les champenoises de mon pays s'y prennent pour savoir si le vin sera bon ? ils égrènent la grappe dans un baiser.

Disant ces mots, M. de Briançon se pencha vers Mlle d'Armaillac et lui fit cette douce violence de l'embrasser tout en mordant la grappe avec elle.

Il lui rappela les vers du poëte :

> Nous mordîmes tous deux : la grappe était si blonde,
> Si fraîche notre bouche et si blanches nos dents !
> Jusques au dernier grain, en oubliant le monde,
> Et ne voyant le ciel que dans nos yeux ardents !
> Jusques au dernier grain, ô morsure profonde !
> Ce grain était de pourpre — et nous avions vingt ans !

Mais Jeanne n'entendait pas les vers. Que lui importait la poésie des autres, à elle qui était toute à sa poésie ?

Le baiser de Martial était si doux, qu'elle oublia presque sa jalousie ; il lui semblait que son amour avait exorcisé cette chambre, où il ne restait plus un atome de celle qui venait d'en sortir.

Martial, qui eût mangé comme quatre avec Marguerite, était trop ému, lui-même, maintenant, pour avoir bien faim ; il mangea quelques fourchettées d'œufs brouillés et de pâté de foie d'oie, pour rattraper tout de suite Jeanne qui avait commencé par le dessert.

— Je prendrai du café, dit Jeanne, quand le groom apporta un très-joli petit service japonais.

— Voilà bien les femmes, dit Martial, tout pour les yeux, car qui vous dit que le café sera bon ?

— Il sera bon dans cette jolie tasse, dit Jeanne, en admirant les fines peintures.

— Vous aimez l'art japonais ?

— Oui, parce que je suis pour les coloristes.

Non-seulement Jeanne prit une tasse de café, mais elle s'en versa encore une seconde tasse ; l'éclat du feu, le baiser de Martial, la gaieté du café l'avaient légèrement grisée.

— C'est bon le café, dit-elle en regardant Martial avec passion.

— Oui, dit-il, je n'ai jamais oublié ce vers de l'abbé Delille, que j'ai appris au collége :

Je bois dans chaque goutte un rayon de soleil.

— Oh ! le beau vers, dit Mlle d'Armaillac ; on dirait un vers de Victor Hugo.

— C'est vrai ce que vous dites là. En lisant Delille on se demande ce que ce vers est allé faire là.

— Les poëtes sont comme les femmes, ils passent de mode quand ils vieillissent.

— Eh bien ! moi, je n'ai pas besoin de boire du café, pour boire des rayons de soleil, je n'ai qu'à vous regarder.

— Vous vous moquez de moi, car je suis venue ici comme un jour de pluie, les yeux pleins de larmes.

— Oui, mais vous ne pleurez plus.

Martial parlait par antiphrase, car ce fut à partir de ce moment-là que Jeanne fut prise par toutes les douleurs : elle était venue se jeter dans la gueule du loup, elle n'en sortit que meurtrie et désespérée.

Et pourtant, comme la joie est près du chagrin, elle fut bien heureuse ce jour-là. Martial n'était pas un amoureux ordinaire ; il lui avait dit : « Je t'aime, » avec une douceur irrésistible ; il l'avait enchaînée dans ses bras, comme dans des chaînes de roses ; il l'avait enlevée jusqu'à ce septième ciel d'où on retombe toujours sur la terre pour ne plus voir que les nuées.

IX.

POURQUOI JEANNE PLEURAIT-ELLE AU COIN DU FEU DE MARTIAL.

Pourquoi? Je ne sais. Mlle d'Armaillac était toute échevelée, elle rougissait et pâlissait tour à tour; de temps en temps elle levait la tête pour se voir dans la glace, mais c'est à peine si elle osait se regarder en face. On jugeait à l'égarement de ses yeux qu'elle ne savait pas bien où elle était, ni où elle en était. Les douces quiétudes de l'innocence ne se reflétaient plus par la limpidité du regard. D'un seul pas, elle venait de dépasser ces pures et sereines stations de la jeunesse, où on est toute à Dieu, si on n'est pas toute à sa famille, où l'on n'aspire qu'aux horizons bleus, où l'on ne voit dans l'orage que l'arc-en-ciel. Mais, c'en était fait! les grandes nuées allaient obscurcir le front de Mlle d'Armaillac; elle touchait aux stations des larmes; elle pourrait se retourner vers le passé, mais le passé est un chemin fermé. On voudrait bien ressaisir tout ce qu'on a perdu en chemin, mais comme Orphée, on n'a pas le droit de retourner sur ses pas.

C'est en vain que les filles de la Bible vont pleurer leur virginité, virginité du cœur, virginité de l'âme, virginité du corps ; la robe d'innocence ne se ragrafe pas, la ceinture de Vénus ne se renoue pas, l'auréole de la candeur ne se reconquiert pas.

Mlle d'Armaillac n'avait regardé ni la grandeur de son sacrifice, ni la profondeur de l'abîme : elle s'était jetée éperdûment dans l'inconnu, n'écoutant que son cœur, affolée d'amour. Elle savait pourtant bien qu'elle allait tomber de haut; mais elle aurait voulu tomber de plus haut encore, pour prouver à Martial combien elle l'aimait.

Sa passion avait été si rapide qu'elle obéissait au vertige; elle n'avait pas eu le temps de la regarder par les yeux de sa conscience ; l'amour par surprise est le plus terrible.

Quand les jeunes filles ont le loisir de combattre, quand elles se mettent à l'abri de leur éventail, je veux dire de leur coquetterie : elles ont une cuirasse d'acier ; mais dans les premières heures de la passion, elles se jettent elles-mêmes toutes désarmées au-devant du danger.

Voilà peut-être pourquoi Mlle d'Armaillac pleurait au coin du feu de M. de Briançon.

X.

LES DRAMES DU CŒUR.

M de Briançon n'était pas à l'autre coin de la cheminée ; il se promenait dans la chambre, presque silencieux, regardant par la fenêtre, regardant Jeanne ; il semblait qu'il n'osât pas lui parler.

Il vint se pencher au-dessus d'elle pour lui baiser les cheveux. Elle tressaillit.

— Quelle adorable senteur de foin coupé ! dit-il, en soulevant une touffe des beaux cheveux blonds de Mlle d'Armaillac. Il n'y a que les cheveux blonds ! Je n'aime que les cheveux blonds !

— Depuis quand ? demanda la jeune fille en esquissant un sourire.

— Depuis que je vous ai vue.

Elle souleva le bras pour enlacer la tête de Martial.

— Aimez-moi bien, Martial, car vous êtes pour moi la vie ou la mort.

Martial souleva la jeune fille en lui disant :

— Je t'aime !

Elle redevint silencieuse et il se remit à se promener par la chambre.

— Que diable vais-je faire d'elle ? se demanda-t-il en fronçant le sourcil.

En effet, il ne pouvait pas dire à Jeanne de s'en aller et il ne pouvait pas non plus la garder chez lui, non pas seulement parce que Mlle Marguerite Aumont ferait du tapage, mais parce qu'il croyait trop à ses devoirs d'homme du monde, pour se donner le tort devant l'opinion de vivre, sans le sacrement du mariage, avec une jeune fille qui avait tous les titres — avant de l'aimer — pour devenir une mère de famille.

M. de Briançon permettait bien qu'on l'accusât de vivre à l'aventure, tantôt avec celle-ci, tantôt avec celle-là, parce que les péchés de jeunesse sont à moitié pardonnés ; mais afficher une fille du monde, c'était un crime de haute trahison sociale.

Il commençait à reconnaître qu'il était un peu tard pour faire toutes ces réflexions. Pourquoi n'avait-il pas eu le courage de résister à l'emportement de son ivresse, car c'était de l'ivresse plutôt que de l'amour? Sa victoire n'était-elle pas plus belle de prendre Jeanne sur son cœur, de la reconduire vers sa mère et de lui dire : « Je vous aime, mais ne revenez pas. »

Il pouvait bien encore tenter cette épreuve — après la lettre — si vous me permettez ce mauvais mot ; mais maintenant que Jeanne n'était plus digne de l'amour de sa mère, n'allait-elle pas refuser de la revoir. Et il le pressentait déjà par quelques paroles échappées à la jeune fille.

D'un autre côté pouvait-il lui proposer comme à une fille galante, de la mener dans un hôtel, ou de lui louer un appartement, sans compter qu'il n'était pas riche et que c'était s'engager à perte de vue.

Comment faire? Il continuait à regarder la pendule. Jeanne elle-même savait bien l'heure qu'il était. Elle se demandait sans cesse ce que pensait sa mère ; sa colère contre elle était tombée ; elle en était bien vite arrivée au repentir :

Devant un « feu d'enfer » elle se rappelait les heures charmantes passées à un autre coin du feu, dans de douces causeries avec Mme d'Armaillac, qui était insupportable dans la tempête, mais qui était adorable dans le beau temps.

— Il faut que j'écrive à maman, dit-elle tout à coup à Martial.

Ce fut ce qui brisa la glace.

— Écrire, dit Martial, en s'aventurant, sans bien savoir ce qu'il allait dire. C'est toujours une bêtise d'écrire, même quand on a de l'esprit, si vous m'en croyez, vous irez bien gentiment voir votre mère...

Jeanne s'était retournée et regardait Martial en face ; il continua, tout en bégayant un peu :

— Vous lui conterez un conte : c'est aujourd'hui le sermon du père Félix. Et puis il y avait un concert spirituel, je ne sais plus où.

— Après ! interrompit Jeanne d'une voix dramatiquement brève.

— Après ? elle vous prendra dans ses bras et vous dînerez avec elle.

Jeanne se leva tout debout presque terrible.

— Après !

— Après ? continua Martial, en venant vers

elle, vous irez ce soir dans le monde avec votre mère, vous penserez un peu à moi, je vous garderai dans mon cœur jusqu'à demain, à l'heure où vous viendrez encore déjeuner avec moi.

— Je n'ose pas comprendre, dit Jeanne avec le sourire le plus amer et le plus désolé. Savez-vous pourquoi vous me rejetez dans les bras de ma mère, c'est que je suis déjà un embarras pour vous. Cette demoiselle qui était ici avant moi vous attend peut-être pour aller au bois, sans doute elle dînera avec vous, elle soupera avec vous... et demain matin vous voulez que je la retrouve ici...

Martial voulut interrompre Jeanne, mais elle repoussa sa main et continua :

— Une maîtresse pour la nuit et une maîtresse pour le jour, jusqu'au moment où une troisième viendra chasser ces deux-là.

Mlle d'Armaillac était superbe, le front hautain, les narines mouvantes, les yeux enflammés, la lèvre indignée, la gorge émue.

Jamais Mlle Rachel, dans les fureurs de Phèdre, n'avait si bien exprimé la passion irritée.

— Allons, allons, ma belle emportée, dit M. de Briançon, ne prenez pas les choses au tragique!

je veux tout arranger et vous croyez que je veux tout briser; vous êtes maîtresse de mon sort, ordonnez et j'obéirai.

Une femme n'obéit jamais qu'à elle-même ; le grand art en amour, c'est de lui donner l'inspiration; dès que Jeanne ne fut plus conseillée par Martial, elle se conseilla elle-même.

Et bientôt elle retomba dans ses bras, toujours esclave de son amour.

— Oui, dit-elle tout à coup, comme si l'idée venait d'elle-même, j'irai voir ma mère.

Et regardant Martial d'un œil qui l'interrogeait :

— Et si je n'allais plus revenir?

— Ah! cette fois, c'est moi qui vous enlèverait ! Essayez un peu pour voir si je vous aime? Vous voudriez bien être prise au mot. Vous ne savez donc pas que je ne pourrais plus vivre une heure sans vous !

M. de Briançon respirait ; une averse de baisers tomba sur les cheveux, sur les joues, sur les yeux et sur les lèvres de M{{lle}} d'Armaillac.

— Vois-tu, murmura-t-il, je ne sais bien dire que cela.

— Et moi, ajouta Jeanne d'une voix mourante, je ne sais bien entendre que cela.

XI.

AINSI VA LE MONDE.

MADEMOISELLE d'Armaillac retourna donc chez sa mère; il était quatre heures quand elle sonna à la porte de l'appartement.

— Ah! mademoiselle, dit la femme de chambre en ouvrant la porte, si vous saviez comme madame a pleuré et comme elle va être heureuse de vous revoir !

En effet, à peine cette fille eut-elle dit ces mots, que Mme d'Armaillac qui était aux écoutes depuis le matin, vint comme une folle au-devant de sa fille.

— C'est toi ! s'écria-t-elle avec une joie

bruyante. Et elle l'embrassa mille fois tout en s'accusant.

— Ah! ma chère Jeanne, ne te défend pas, c'est moi qui ai eu tort. Que veux-tu, je ne suis pas maîtresse de moi; on fait le bonheur des gens en leur faisant beaucoup de mal : j'ai trop voulu que ce mariage se fît en toute vapeur. Et puis après tout, je ne te mettrai plus le couteau sur la gorge.

Jeanne n'en revenait pas de trouver sa mère si charmante dans son effusion; elle l'embrassait elle-même tout en lui disant que ces nuages n'étaient rien dans son amour pour elle.

— Tu sais, reprit la mère, je mets toujours tout aux extrêmes : on parle tant de suicide dans les journaux, que je m'imaginais — le croiras-tu? — que tu avais eu la folie cruelle de vouloir me punir mortellement. Oui, j'en serais morte!

— Qui sait, pensa Jeanne, si je n'en mourrai pas?

— Et qu'as-tu fait de ta journée? reprit la mère, qui était à mille lieues de mettre en doute la vertu de sa fille.

Jeanne n'avait jamais menti, du moins sérieusement. Sa figure s'empourpra; elle avait eu beau préparer une histoire, elle ne put répondre d'un air dégagé. Elle parla d'une visite lointaine à une de ses amies.

— Mais je te conterai plus tard ma journée. Et toi, qu'as-tu fait?

— Moi, je t'ai attendue pour déjeuner, sans bien comprendre pourquoi tu étais partie; je me suis mise à table, j'ai mangé une grappe de raisin, j'ai bu une tasse de thé, après quoi je suis montée en voiture pour courir après toi; mais où courir? Je suis allée chez la duchesse, chez Mme de Tramont, chez ton amie Angèle; naturellement, je n'ai dit nulle part que je te cherchais.

A cet instant, on sonna. Mme de Tramont entra bruyamment selon sa coutume.

— Ah! mes amies, quel tohu-bohu au bord du lac. Décidément il y a trop de gens qui vont là sans y être invités. Si j'étais le préfet de police, je ferais pour les voitures de ces demoiselles ce qui se fait pour les omnibus des Champs-Élysées : Je les condamnerais à passer par un autre chemin. C'est un scandale. Ainsi, pendant que nous allions comme des tortues, j me suis cognée à la voiture de cette demoiselle Marguerite Aumont, la maîtresse de notre ami Briançon. Je lui en ferai ce soir mon compliment. Cette dame m'a lorgnée absolument comme elle eût fait à une de ses pareilles.

— Est-ce qu'elle est jolie? demanda Jeanne d'un air distrait et sans avoir l'air d'attendre la réponse.

— Si elle est jolie! mais très-jolie. Voilà pourquoi on pardonne à M. de Briançon d'être si fou. Après cela, ce n'est pas lui qui lui paye ses chevaux ni ses diamants : c'est une femme en commandite.

— Que lui paye-t-il? demanda Mme d'Armaillac.

— Il paraît qu'il lui paye la table et le logement. C'est encore fort joli, car ces filles-là tiennent tant de place et sont si gourmandes.

Jeanne qui avait peur de dîner en tête-à-tête avec sa mère, voulut retenir Mme de Tramont qui faisait toujours des visites sur le seuil, tant elle avait hâte d'aller caqueter ailleurs.

— Vous êtes entre vous? dit-elle.

— Oui, répondit Mme d'Armaillac, et je vous offrirai un faisan doré de la chasse de Chantilly.

— Ah! oui, vous êtes orléanistes depuis le

4 septembre; moi, je suis de toutes les opinions, voilà pourquoi je veux bien manger une aile de votre faisan. Envoyez dire à mon cocher qu'il me reprendra à neuf heures.

Le dîner fut gai, parce que Mme de Tramont a toujours le diable au corps.

A neuf heures elle emmena Jeanne avec elle en disant à sa mère qu'elle la renverrait dans son coupé avant onze heures et demie.

Elle voulait que Mlle d'Armaillac servît le thé chez elle. Elle devait avoir trois ou quatre amis tout à fait intimes, peut-être un prince russe qui pouvait avoir l'idée d'épouser une fille à marier,

— Et certes, dit-elle, Jeanne aurait plus l'air princesse qu'il n'a l'air prince.

Mlle d'Armaillac accompagna donc Mme de Tramont. Sa mère resta au logis, car elle ne voulait plus faire sa figure pour si peu. Elle n'allait plus dans le monde que par les grandes occasions.

Le prince russe fut de la petite fête; il fit deux doigts de cour à Jeanne, qui joua de l'éventail sans s'amuser beaucoup à ce jeu, car elle ne perdait pas de vue M. de Briançon. Où est-il? Que fait-il? Pense-t-il à moi? Comme elle servait le thé avec sa grâce un peu hautaine, on annonça M. de Briançon. Il avait une heure à perdre ; Mme de Tramont était sur sa route, il s'amusait toujours à aiguiser des mots avec elle.

— Par Dieu ! dit-elle en le voyant apparaître, j'étais bien sûre que vous viendriez ce soir.

— Pourquoi donc?

— Par la force des affinités ou du magnétisme ou des atomes crochus : Mlle d'Armaillac est venue, vous deviez venir.

Pendant que Jeanne renversait du thé sur la nappe, Martial se demanda sérieusement si elle ne s'était pas un peu confessée à la maîtresse de la maison.

Une minute après le prince russe aurait pu lui dire : — Monsieur, retirez-vous de mon soleil, — car il avait accaparé Jeanne tout en prenant les airs d'un homme qui la connait à peine.

— Oh ! que je suis heureux de vous revoir, lui dit-il en lui donnant deux baisers avec ses deux yeux, ce à quoi elle répondit par deux regards humides.

— Savez-vous à quoi je pense? lui dit-elle.

— Qui sait! peut-être à moi.

— C'est sous-entendu, mais je pense à ceci qu'il est étrange après le chemin que j'ai fait aujourd'hui, que je me trouve ici ce soir comme si de rien n'était. Je me demande si c'est un rêve. Quoi ! je suis votre maîtresse et tout le monde me salue et me parle avec respect. Ce qui va vous surprendre, c'est que j'en suis choquée. Où est donc la punition ?

— Mais le monde est plein de ces choses-là. Vous croyez-vous donc moins digne d'admiration que la plupart des femmes adultères qui se pavanent dans les plus beaux salons.

— Je me crois toute aussi digne de pitié que ces femmes-là ; mais voyez-vous, Martial, ce qui me désespère, c'est que le monde a beau m'estimer encore, j'ai perdu l'estime de moi-même. Si je n'étais pas dans l'ivresse de votre amour, je me regarderais avec horreur.

— Vous savez que je vous adore, que je n'ai aimé que vous, que je n'aimerai que vous.

Martial parlait en c moment-là en toute sincérité. Cette rencontre imprévue l'avait remué profondément ; les airs amoureux du prince russe éveillaient sa jalousie. Et puis Jeanne était si belle, Jeanne était si fière, Jeanne était si majestueuse ! N'était-ce pas un triomphe éclatant ? Il savourait mystérieusement son bonheur.

— J'ai eu de vos nouvelles, lui dit Mlle d'Armaillac.

— Qui donc m'a rencontré ?

— Ce n'est pas vous qu'on a rencontré, c'est une demoiselle Marguerite Aumont qui faisait du tapage au bois. Il paraît que ce n'était pas avec vos chevaux; mais Mme de Tramont m'a dit que c'était vous qui lui donniez — la table — et le logement.

— Quelle calomnie !

— Non, c'est la vérité.

Et la regardant avec une expression de profond amour :

— Et c'est cette vérité-là qui me tuera.

Mme de Tramont regardait alors Jeanne et Martial.

— Que se disent-ils donc de si sérieux ? Voilà Jeanne qui en est toute pâle.

XII.

L'AMOUR DE L'ABÎME.

On se dit adieu, comme si l'on ne devait se revoir de longtemps, quoiqu'il fût bien décidé qu'on se reverrait le lendemain matin.

Mlle d'Armaillac demeura bientôt seule avec Mme de Tramont qui lui conseilla fort de ne pas se laisser prendre aux piperies du beau Martial.

— Voyez-vous ma chère petite, le prince russe en tient pour vous, vous êtes née princesse, c'est de côté-là qu'il faut jour de l'éventail, ces Messieurs ne croient pas se mésallier quand ils épousent des comédiennes ; témoin, le prince Koutchoubey qui a donné son nom à la belle Alix Bressant. Il est donc bien naturel que celui-ci épouse une fille comme vous.

Jeanne se rapprocha du feu, comme si elle eut senti sur ses épaules les neiges de la Russie.

— Le prince est charmant, dit-elle, mais je ne veux pas m'expatrier.

— Eh! ma chère petite, la vraie patrie des Russes, c'est Paris; demandez à Basilewski pourquoi il a son musée rue Blanche.

— Nul n'échappe à sa destinée. Je n'ai pas la prétention d'avoir une étoile, mais je crois que j'aurai beau faire, je serai forcée d'obéir à ce qui est écrit la haut.

— Prenez garde, c'est la raison des indolentes qui se soumettent au courant de la vie. Avec ces idées là, on finit par se laisser enlever, tout en disant—c'est écrit là haut! —Pensez-y bien, ma chère petite.

Ma chère petite était un non-sens comique, puisque Mme de Tramont était petite et que Mlle d'Armaillac était grande.

Le coupé de Mme de Tramont attendait Jeanne pour la reconduire chez sa mère; elle embrassa sa belle amie et lui promit de venir dîner avec elle le lendemain.

Quand elle mit sa bottine sur le marchepied,

le cocher lui demanda si elle allait chez Mme d'Armaillac.

— Oui, lui dit-elle. Et après un silence d'une seconde : — Vous passerez par la rue du Cirque.

Le cocher fit remarquer, en homme qui sait sa géographie parisienne, que ce n'était pas précisément le chemin. Mais il obéit.

Pourquoi Mlle d'Armaillac voulait-elle passer rue du Cirque? Est-ce qu'elle allait se hasarder à faire une visite nocturne à M. de Briançon? voulait-elle le troubler dans un tête-à-tête avec Mlle Marguerite Aumont?

— Je suis folle, se dit-elle en se nichant dans le coupé; comment ai-je osé dire au cocher de passer par là ? s'il allait raconter par quel chemin il m'a conduite chez ma mère.

Elle pensa que c'était d'autant plus absurde, que sans doute Martial ne l'avait pas quittée pour rentrer tout droit chez lui ; il ne se couchait jamais qu'à deux heures du matin et il n'avait pas l'habitude de lire la Vie des Saints.

Le cocher passa si rapide devant la maison de M. de Briançon, que Jeanne eut à peine le temps de la saluer au passage. A deux maisons de là, elle croisa un coupé; dans ce coupé il y avait une femme ; le coupé s'arrêta à la porte de Martial.

— C'est sa maitresse, dit Jeanne après avoir penché la tête un peu plus.

Elle fut sur le point de dire au cocher d'arrêter ; tous les démons de la jalousie s'emparèrent de son cœur.

— C'est l'enfer ! murmura-t-elle.

En rentrant, elle alla dire bonsoir à sa mère qui était couchée; elle croyait apaiser son cœur, mais elle passa une horrible nuit, comme la veille. Ce ne fut que vers le matin qu'elle tomba dans un demi-sommeil avec toutes les hallucinations de la fièvre. Elle priait Dieu et se jurait à elle-même de ne plus revoir M. de Briançon. « Non, disait-elle, je ne le reverrai plus, c'est un homme d'honneur, il oubliera ce qui s'est passé. » Et appuyant ses ongles sur son cœur : « Mais moi je n'oublierai pas. »

Et bientôt, saisie par le désespoir : « Est-ce que je puis arracher cet amour de mon cœur ? »

A dix heures elle s'habilla, elle se fit belle, elle prit son sourire et courut chez Martial. Elle n'eut eu garde de passer par la chambre de sa mère. En sonnant à la porte de Martial, elle se promit de ne pas entrer, s'il y avait quelqu'un ;

elle ferait demander M. de Briançon, elle ne lui dirait qu'un seul mot — adieu. — Sans doute il s'efforcerait de la retenir, mais elle l'accablerait de son mépris pour une telle trahison.

Le petit nègre vint ouvrir, il sourit en voyant Jeanne, comme à une amie de la maison.

— S'il y a quelqu'un, dit-elle, je n'entre pas.

— Nous sommes seuls, dit le négrillon, M. le comte vous attend.

Mlle d'Armaillac respira et passa le seuil, Martial vint au-devant d'elle et la prit dans ses bras comme après une longue absence.

— Il y a un siècle que je ne vous ai vue, dit-il en l'embrassant.

— Pas tout à fait, mais il y a près de douze heures.

Ce fut la seconde édition. On déjeuna plus gaiement que la veille ; cette fois il n'y avait pas les joies de l'imprévu, mais il y eut les joies mieux savourées des heures déjà connues. Jeanne ne sentait plus Marguerite Aumont si près, Martial reconnaissait qu'il n'avait jamais aimé des lèvres sinon du cœur, une aussi belle créature que Mlle d'Armaillac. Il la dominait par l'amour qu'elle avait pour lui, mais il se sentait dominé par elle-même. Il ne s'expliquait plus comment il avait osé la veille brusquer l'aventure ; il lui semblait que c'était un rêve; était-il possible qu'il eût triomphé de cette fille hautaine comme de la première venue ?

Dix jours durant, Jeanne alla à la même heure chez Martial. Il lui fallut mentir dix fois à sa mère, il lui fallut prendre une demi-confidente qui servit de paratonnerre ; c'était une ancienne amie de Jeanne, passionnée pour la musique : Mlle Angèle Harry, une Américaine bien connue. Jeanne, mauvaise musicienne, faisait le désespoir de sa mère; elle lui dit qu'elle était en belle fureur musicale et qu'elle prenait des leçons tous les matins chez son amie, où elle déjeunait pour faire un entr'acte. On sait déjà que Mme d'Armaillac ne sortait presque jamais. Jeanne ne craignait donc pas que sa mère vînt pour la surprendre chez son amie.

Elle n'espérait pas d'ailleurs que cette belle existence pouvait durer : elle se promettait tous les matins de parler sérieusement à Martial, c'està-dire de lui offrir sa main, mais elle aurait voulu que l'idée vînt de son amant. Or, Martial parlait beaucoup amour, mais pas du tout mariage.

Enfin, un jour, c'était le dixième jour, Mlle d'Armaillac osa aborder ce chapitre délicat.

— J'y ai bien pensé, dit Martial, mais comment marier deux misères dorées? car nous n'avons de fortune ni l'un ni l'autre. Je suis secrétaire d'ambasssade, avec 1,800 francs d'appointements; votre mère ne doit vous donner en dot que des diamants : quelle figure ferions nous à travers le luxe inouï des gens à la mode.

— Le luxe, pour moi, dit tristement Jeanne, c'est l'amour; est-ce que vous croyez que j'ambitionne les huit ressorts et les robes à queue? mes diamants, je les vendrai ; le bonheur, croyez-moi, ne va jamais à quatre chevaux.

— Il ne va pas non plus en fiacre, dit Martial.

Jeanne, qui avait sa main dans la main de son amant, la retira avec une soudaine indignation.

— Que vous prend-il? demanda Martial.

— Je ne me pardonne pas, répondit-elle, de descendre jusqu'à discuter avec vous; si vous m'aimiez, vous seriez déjà chez ma mère, pour lui demander ma main ; mais il faut que je tombe de désillusions en désillusions.

Jeanne avait tout à fait changé de physionomie. Elle regarda Martial, comme si elle attendait de lui, le dernier mot de sa destinée.

— Vous savez bien que je vous aime, Jeanne ; c'est parce que je vous aime que je ne veux pas faire votre malheur, c'est parce que je ne veux pas faire votre malheur que je ne veux pas vous épouser.

Un sourire amer se dessina sur la bouche de Mlle d'Armaillac.

— En vérité, monsieur, vous êtes trop bon, je ne vous avais pas compris jusqu'ici : je vous ai arraché pour quelques heures à vos belles habitudes de la vie parisienne...

Le comte de Briançon reprit la main de Mlle d'Armaillac.

Mais elle se leva et mit son chapeau.

— Adieu, monsieur, oubliez, j'oublierai...

Martial tenta tout, pour retenir la jeune fille, il lui fit même de vagues promesses d'épousailles, mais elle était montée sur ses grands chevaux, elle s'enfuit en toute hâte.

— J'ai dit que j'oublierais, murmura-t-elle quand elle fut dans la rue. Oublier ! oui, j'oublierai dans le tombeau.

Ce jour-là, sa mère devait la conduire chez

Mme d'Arfeuil, qui donnait une comédie de paravent.

— Je me vengerai, reprit Jeanne, M. Delamare sera chez Mme d'Arfeuil, je lui dirai que je l'aime.

Elle comprit que c'était se venger contre elle-même.

Le soir, quand elle fut tout habillée pour accompagner sa mère, elle eut un évanouissement. Sa force la trahissait, elle tombait sous toutes les émotions de la journée. Elle se remit bientôt, mais elle supplia sa mère d'aller seule à cette comédie.

Quand Mme d'Armaillac fut partie, Jeanne se coucha et prit un roman ; mais sa chemise de nuit était la robe de Déjanire ; les flammes de la jalousie la brûlaient vive, elle s'étonnait que Martial ne lui eût pas écrit. Était-il possible qu'il fût si calme devant une si brusque séparation ? comment ne l'avait-il pas retenue de force ? comment ne l'avait-il pas suivie jusque dans l'escalier ?

— Oh ! Il ne m'aime pas, soupira-t-elle. Il est tout à cette fille ; je n'étais qu'un embarras pour lui ; et moi, malgré tous ses torts, malgré ma fierté blessée, malgré ma colère, je sens que je l'aime à en mourir. Il a pris ma vie et il est lui-même ma vie.

Elle descendit de son lit et alla ouvrir un tiroir à secret de son secrétaire, où elle remua des perles.

— Oh! mes chères perles, dit-elle en pâlissant, c'est vous qui me consolerez de tout!

A cet instant son œil égaré s'arrêta sur le portrait de son père.

— O mon père! dit-elle en joignant les mains, je suis une d'Armaillac et j'ai trahi ce beau nom!

XIII.

LES HEURES DE FOLIE AMOUREUSE.

JEANNE se retourna vingt fois dans son lit, sans pouvoir calmer son front volcanisé, sans pouvoir apaiser les battements de son cœur.

Elle se pencha vers la pendule : il était onze heures, elle se jeta en bas du lit et s'habilla en toute hâte. Elle remit la robe qu'elle venait de quitter, afin de pouvoir dire à sa mère qu'elle avait voulu la rejoindre pour la comédie.

Mais ce n'était pas là qu'elle voulait aller, elle courut rue du Cirque, toujours rue du Cirque, décidée à tout, même à faire un éclat. Arrivé à la maison de Martial, elle monta l'escalier sans parler au portier. Le petit groom, qui jouait aux cartes dans la loge, je veux dire dans le salon, la suivit dans l'escalier et lui dit que M. le comte n'y était pas.

— Je veux l'attendre, ouvrez-moi la porte.

Le négrillon obéit.

Le froid était vif, elle grelottait, elle fut contente de voir du feu.

— A quelle heure rentrera M. de Briançon?

— Est-ce qu'il le sait lui-même?

Le groom disait cela d'un air quasi philosophe, il semblait qu'il eût envie de prêcher son maître, comme les anciens valets de comédie.

— Et cette demoiselle, dit Jeanne, viendra-t-elle avant lui?

— Je ne suis pas dans leur confidence.

— Elle vient tous les soirs?

— Oh! non. Elle ne vient que quand elle a peur chez elle.

— Elle est venue hier?

— Je ne me souviens pas.

Mlle d'Armaillac trouva indigne d'elle d'interroger le négrillon.

— C'est bien, lui dit-elle en le renvoyant du geste, je vais attendre un quart d'heure.

Le négrillon murmura entre ses dents :

— Si M. le comte rentre avec l'autre, voilà qui promet.

Dans son aveuglement, Mlle d'Armaillac avait mis de côté toute dignité, mais une fois chez Martial elle eut honte d'elle-même.

— Quoi! s'écria-t-elle, je me suis humiliée jusqu'à revenir ici.

Dès qu'elle fut seule, Jeanne interrogea les meubles, ces muets témoins de toutes choses, qui ont aussi leur physionomie indiscrète. Par exemple, dans une coupe qui était sur la cheminée, Jeanne remarqua un médaillon qui n'y était pas la veille. Elle le saisit, l'ouvrit et y trouva un portrait. Naturellement c'était le portrait de Martial. Marguerite Aumont avait trop l'habitude des choses pour laisser chez son amant un médaillon qui renfermerait le portrait d'un autre.

— Quand je pense, dit Jeanne en jetant le médaillon au feu, que ce portrait a été pendu au cou de cette fille.

Marguerite Aumont avait laissé d'autres traces de son retour dans la chambre. Sur la table, un roman était ouvert, ayant pour signet une épingle à cheveux; sur une console, sous une glace de Venise, était un bouquet de fleurs artificielles, bluets et coquelicots, que la demoiselle avait rejeté en se coiffant.

Le roman et le bouquet allèrent retrouver le médaillon dans les flammes.

Cependant Martial ne rentrait pas.

Jeanne ne voulait pas que sa mère lui demandât compte de son temps. Elle pouvait bien être sortie pour la rejoindre ; elle pouvait bien encore dire qu'une fois à la porte elle ne s'était pas décidée à entrer dans la crainte d'être trop pâle ; mais toute cette équipée ne pouvait durer plus d'une demi-heure ; aussi elle se décida à retourner chez elle.

En passant dans la salle à manger, elle avisa le groom qui sommeillait déjà.

— Mon enfant, lui dit-elle, si tu me jures le secret, je te donnerai ces jours-ci cinq louis ; il ne faut pas que M. de Briançon sache que je suis venue ici en son absence.

Le négrillon jura ses grands dieux.

Elle rentra même avant sa mère ; elle retrouva son lit qui ne lui fut pas plus doux qu'une heure auparavant.

Le lendemain, au déjeuner, elle dit à Mme d'Armaillac.

— Maman, je suis décidée à tout. Si M. Delamare veut m'épouser, je lui donne ma main.

— Et ton cœur? lui demanda sa mère en l'interrogeant du regard.

— Mon cœur, dit-elle, je ne connais pas cela.

Mais, pendant qu'elle parlait, le cœur lui battait à tout rompre.

XIV.

OU L'ON VOIT DANSER MADEMOISELLE D'ARMAILLAC.

Madame d'Armaillac était de celles qui croient que tout s'arrange, même sans qu'on y travaille. Elle trouva donc tout naturel que sa fille revînt à M. Delamare, parce que, selon elle, c'était dans la force des choses.

Elle disait que la société moderne ayant supprimé les mariages d'inclination parce que deux et deux font quatre, il n'y avait plus que des mariages de raison.

Elle fit avertir le jeune magistrat, qui ne désespérait pas encore, parce qu'il avait pour lui la famille. Il vint dans la maison le lendemain, il fut invité à y dîner avec l'oncle de Jeanne.

On causa politique et littérature. M. Delamare ennuya fort Mlle d'Armaillac, quoiqu'elle reconnût qu'il ne parlait pas plus mal qu'un autre; seulement il s'était cuirassé dans une vieille moralité qui lui faisait prononcer çà et là des sentences comme M. Prudhomme. C'était au point qu'on se demandait s'il parlait sérieusement. Il s'était d'ailleurs façonné à l'esprit moderne. Si l'amour de la robe noire ne l'eût pris au sortir du lycée, nul doute qu'il ne fût devenu un homme très-agréable.

Une fois reçu dans la maison, il démasqua toutes ses batteries : il fit entrevoir à Jeanne le bonheur futur, tel qu'il le voyait à travers son ambition. Jeanne n'écoutait qu'à demi. Il lui eût rouvert le paradis perdu quelle eût trouvé le paradis fort ennuyeux, à la condition de l'habiter avec lui. Qu'était-ce donc pour cette fille désillusionnée que l'idéal d'un magistrat qui commence par la vie de province? Mais Mlle d'Armaillac eut la force de laisser croire à M. Delamare que son horizon était le sien.

Les choses marchèrent vite. L'oncle qui pourtant n'était pas riche, mit 50,000 francs sur les diamants que donnait la mère.

Au contrat de mariage, on donna un thé aux amis intimes de la maison. On dansa au piano.

Mme de Tramont qui était là demanda à Jeanne pourquoi elle avait des yeux égarés.

— Je ne sais pas, répondit-elle avec un sourire étrange ; on me dit qu'il faut danser, je danse !

Mme de Tramont se pencha à l'oreille d'une de ses amies.

— En voilà une qui n'y va pas gaiement.

Mme de Tramont n'avait jamais été pour ce mariage. Elle ne doutait pas qu'une fille bien née comme Jeanne, belle de toutes les beautés, ne dût trouver un prince Charmant ou un prince quelconque, comme son ami le prince russe, qui n'avait dit ni oui ni non.

Deux courants se disputaient l'esprit de Jeanne. Le premier, plus impétueux, la rejetait toujours haletante et brisée vers M. de Briançon ; c'était la révolte, c'était la passion. Le second, plus doux, la ramenait dans les bras de sa mère. C'était la résignation, c'était le sacrifice.

Vers la fin de la soirée, Mme de Tramont dit brusquement à Jeanne :

— Avez-vous lancé vos invitations?

— Cela regarde ma mère, répondit la jeune fille.

— N'oubliez pas mes amis : le prince russe et M. de Briançon, car tous les deux m'ont parlé de vous hier.

— Et que vous ont-ils dit ?

— Le prince est désespéré, mais il sera heureux de votre bonheur.

— Il est bien bon.

Jeanne écoutait avec anxiété, espérant que Mme de Tramont allait lui parler de Martial.

— Quant à Martial, ma chère, il m'a dit qu'il voudrait bien être à la place de votre fiancé, mais qu'il n'avait pas les vertus d'un mari ; il aime trop toutes les femmes pour en aimer une seule.

— Ainsi mon mariage ne l'a pas surpris du tout ?

— Oh mon Dieu non. Je crois, entre nous, que si vous aviez eu 500,000 francs de dot, celui-là vous eût demandé votre main ; que voulez-vous, il n'y a plus aujourd'hui que des questions d'argent.

— O mon cœur ! dit Jeanne en se détournant de Mme de Tramont pour lui cacher sa pâleur.

XV.

DIEU ET SATAN.

Le négrillon ne manqua pas de trahir le secret; quand son maître rentra vers une heure du matin, accompagné de Marguerite Aumont, il lui fit signe qu'il avait quelque chose de mystérieux à lui dire.

— Voyons, parle, lui dit Martial, pendant que sa maîtresse passait dans la chambre à coucher.

— C'est un secret, monsieur le comte, on m'a fait jurer sur ma part de paradis que je ne dirais rien.

Martial ne doutait pas que ce secret ne touchât Mlle d'Armaillac.

— Parle donc ! reprit-il avec impatience.

— La dame est revenue, continua le négrillon, elle est restée ici un quart d'heure, elle a jeté au feu tout ce qu'elle a trouvé sous sa main, aussi il ne faut pas m'accuser.

En trahissant le secret de Jeanne, le négrillon risquait de perdre son âme, puisqu'il avait juré sur son âme, mais il aimait mieux sauver sa place que son âme.

— Qu'a-t-elle donc jeté au feu? demanda Martial avec une vive curiosité.

— Je n'ai pas bien vu, parce que je regardais par le trou de la serrure; mais j'ai pourtant remarqué qu'elle a jeté au feu un livre, un bouquet et un médaillon. Aussi, dès qu'elle a été partie, j'ai sauvé ce que j'ai pu, mais, de grâce, monsieur le comte, ne lui dites pas que je vous ai tout confié, car elle a des yeux terribles et j'ai peur qu'elle ne me batte.

Le négrillon n'avoua pas qu'il espérait cinq louis.

Martial écrivit ce billet à Mlle d'Armaillac.

« Je vous espérais toujours, mais vous ne sa-
« vez plus le chemin de ma maison. Je ne me

« console pas à l'idée de vous perdre à jamais.

« Avez-vous pu vous imaginer que vous n'êtes
« pas toujours dans mon cœur? puis-je vous ou-
« blier un seul instant après les heures inespé-
« rées que j'ai passées avec vous?

« Ce sera le souvenir de toute ma vie. De
« grâce, Jeanne, revenez, ne fût-ce qu'une fois,
« ne fût-ce que pour me dire adieu.

« Mon cœur vous attend, mon âme vous at-
« tend, mes bras vous attendent...

« MARTIAL. »

— Que faites-vous donc là? cria Marguerite
Aumont à M. de Briançon, car elle était déjà
couchée.

— C'est une affaire d'argent, ma chère, répondit-il. J'écris ce soir pour n'y plus penser.

Disant ces mots, il cacheta la lettre et la remit au négrillon.

— Va vite te coucher, lui dit-il à mi-voix,
demain matin à sept heures et demie précises tu
seras devant l'église Saint-Augustin, tu verras
passer cette dame, elle va à la messe de huit

heures, tu lui remettras cette lettre si elle est seule, même si elle est avec sa femme de chambre.

Martial savait que le dimanche Jeanne allait à la messe de huit heures à Saint-Augustin.

Le négrillon pensa que c'était bien son affaire, car sans doute la dame n'oublierait pas de lui remettre les cinq louis.

Il comptait sans son hôte. Le lendemain il vit passer Mlle d'Armaillac, il courut à elle, mais elle prit la lettre et se contenta de le remercier par un signe de tête.

Ce fut dans l'église, sur son livre de messe, que Jeanne lut cette lettre satanique; elle avait pâli aux premiers mots, elle rougit aux derniers.

Quoique ce billet fût d'un homme plus passionné qu'amoureux, elle se sentit un instant reprise à toutes les ivresses.

— Qui sait! dit-elle, si je voulais bien je chasserais cette fille qui retient Martial à cette vie de désœuvrement. Il m'aime et il n'ose en finir avec elle.

Mais peu à peu le voile se déchira, elle s'avoua que l'amour de Martial était l'amour des lèvres et non l'amour de l'âme, l'amour qui vit de voluptés et non l'amour qui vit de sacrifices.

Ce fut la vue du Christ qui lui montra la vérité ; en contemplant le fils de Dieu qui n'était arrivé au ciel qu'après toutes les stations de la croix, qu'après tous les héroïsmes de la douleur, trahi, flagellé, couronné d'épines, elle murmura :

— Moi, je me sentais capable de passer par ce chemin-là pour arriver à Martial, parce que je l'aimais jusqu'à la profanation et jusqu'au blasphème, mais lui qui ne m'a pas seulement sacrifié cette fille !

Mlle d'Armaillac jeta son âme vers Dieu, avec une religieuse effusion.

— O mon Dieu ! mon Dieu ! sauvez-moi de cet homme, dit-elle en cachant ses larmes dans son livre de messe.

XVI.

LE VA-ET-VIENT DU CŒUR.

QUAND Jeanne fut rentrée dans sa chambre, elle se mit tout de suite devant un petit bureau en laque de Chine, pour écrire à Martial.

« Vous voulez un adieu, Martial. Je suis en
« vérité bien surprise de voir que vous vous êtes
« souvenu de moi, puisque mon devoir est de
« vous oublier, puisque votre devoir est de rayer
« mon nom du livre de votre vie. »

Ici Mlle d'Armaillac laissa tomber sa plume.
— Voilà que je fais des phrases, dit-elle.
Elle pensa que ce qu'il y avait de plus élo-

quent, c'était encore le silence, mais les femmes ne comprennent pas assez cette éloquence-là : les tourments du cœur les forcent à tourmenter la plume. Jeanne continua donc.

« Pourquoi venir vous jeter à la traverse et
« me décourager quand je veux bien faire? Votre
« cœur est méchant et n'aime que le mal. Vous
« vous imaginez que des bouffées de passion
« sont des expressions de l'amour, mais, grâce
« à Dieu, je ne suis plus aveugle : toutes vos
« paroles dorées n'y feront rien.
   « Adieu donc, puisque vous voulez un adieu ;
« brûlez cette lettre, il faut que dans la cendre
« de cette lettre s'éteigne le souvenir de ce ro-
« man commencé, auquel je ne crois plus. Avec
« votre méchant cœur, vous êtes trop galant
« homme pour que je sois jamais forcée, dans le
« monde où nous nous rencontrerons, de m'in-
« cliner sous votre salut... ou de dire que je ne
« vous connais pas... »

Quand Mlle d'Armaillac eut écrit ces derniers mots :

— A quoi bon? dit-elle, comprenant que le silence était la seule réponse.

M. Martial de Briançon fut ce jour-là, plus que jamais, amoureux de Jeanne, parce qu'elle n'alla pas chez lui et parce qu'elle ne lui écrivit pas; il l'attendit d'abord avec quelque fatuité, convaincu qu'elle obéirait à sa volonté amoureuse; peu à peu il s'impatienta et il prit la fièvre.

A deux heures, il n'avait pas déjeuné, attendant toujours Mlle d'Armaillac, regardant sa place à table. Il finit par déjeuner seul, ne désespérant pas qu'elle n'arrivât. Le souvenir de Mlle d'Armaillac lui revenait avec un charme plus pénétrant. Jusque-là ce n'était qu'une passion à fleur de peau, il sentit pour la première fois qu'il l'aimait profondément ; elle n'avait pas vainement passé si près de lui avec toutes ses flammes sans le brûler un peu.

— Je n'ai pas même un portrait d'elle, dit-il, en cherchant à se rappeler toute la magie de cette beauté altière, adoucie par l'amour.

Pour la première fois il lui fit un sacrifice : il y avait sur la cheminée une photographie de sa maîtresse, il la prit, la déchira et la jeta au feu.

— Quoi! reprit-il, elle ne viendrait plus ici? Quoi! cet amour à peine commencé serait déjà fini? Quoi! j'avais le bonheur sous la main et je l'ai brisé comme par un jeu d'enfant.

C'est en vain qu'il allait jusqu'à l'antichambre, c'est en vain qu'il se penchait au balcon, Jeanne ne venait pas.

Il se passa huit jours. Le temps ne calma point son cœur, chaque heure le détachait de Marguerite et l'attachait au souvenir de Jeanne. Les distractions n'y faisaient rien. Cette belle image allumait son âme.

Dans cette atmosphère troublée où il vivait, il lui était doux de se retourner vers Jeanne, avec je ne sais quelles virginales aspirations. Il avait commencé la vie par l'orage, il aimait à lever les yeux par delà l'arc-en-ciel dans l'espace azuré. Il lui semblait se voir dans l'aurore de la jeunesse lumineuse de Jeanne; ce qu'il ne trouvait pas chez Marguerite il le trouvait chez cette jeune fille qui n'avait encore aimé que lui; c'est en vain qu'il se disait qu'on n'aime qu'une femme à la fois, il s'avouait en secret qu'il les aimait toutes les deux. C'était comme un concert idéal où le violon alternait avec le violoncelle. Il croyait d'ailleurs n'aimer pas profondément, mais dès qu'il descendait en lui-même, il reconnaissait qu'il était impérieusement dominé par ces deux figures symbolisant les deux amours. Il voulait quitter l'une pour l'autre, mais il avait peur de quitter celle qu'il aimait le plus.

Dans cet entraînement perpétuel vers deux femmes, il sentait la fatalité qui a fait rimer tant de tragédies antiques.

Un jour que M. de Briançon ne savait où aller dîner, il se hasarda à monter chez Mme de Tramont, espérant vaguement y rencontrer Mlle d'Armaillac. Il y rencontra un pianiste que cette adorable bavarde avait retenu à dîner pour ne pas perdre l'habitude de la parole; il est vrai que quand elle dînait seule « la jolie forte en gueule » parlait tout haut aux quatre portraits de famille qui décoraient la salle à manger.

Martial demanda une place à table.

— Oui, à la condition que vous ne mangerez pas.

— Cela se trouve bien, je n'ai pas déjeuné.

On causa de choses et d'autres; naturellement on fut bientôt sur le chapitre de Jeanne.

Mme de Tramont apprit à Martial que Mlle d'Armaillac se mariait; ses bans étaient déjà publiés.

— Vous savez, dit Martial, pour cacher son émotion, que si le mariage n'était pas si avancé je lui ferais fortement la cour.

— Oui, mais vous ne réussiriez pas : je connais les femmes.

— Vous êtes bien sûre de connaître les femmes?

— Comme je connais les hommes. Mlle d'Armaillac n'est pas de celles qui tombent dans les pièges à loups.

— Je lui ferai la cour pour le bon motif.

— Vous faites donc quelquefois la cour pour le mauvais motif?

Martial ne répondit pas à cette question, tout entier qu'il était à sa pensée.

— Par malheur, continua-t-il, je n'ai pas le sou.

— Ni elle non plus, vous seriez quitte à quitte et vous feriez une bonne figure dans le monde. Si le cœur vous en dit, il est peut-être encore temps; voulez-vous que je vous mette en ligne? ce sera un duel entre vous et M. Delamare. Tout justement, Jeanne viendra mardi passer la soirée ici pour la dernière fois avant la cérémonie. J'aurai aussi trois ou quatre jeunes Anglaises, jolies comme des Anglaises; par-dessus le marché il me viendra au moins deux Parisiennes et deux Américaines; on pourra flirter en tout mal tout honneur; c'est votre affaire, n'y manquez pas. Du reste, je comptais sur vous et je n'aurais pas oublié de vous envoyer un mot demain matin.

Le pianiste, au dessert, prit part à la conversation en se mettant au piano ; ce fut une occasion pour Martial de dire bonsoir à Mme de Tramont, sous prétexte qu'il n'aimait pas la musique.

— Ce qui me ferait adorer Mlle d'Armaillac, dit-il en regardant le pianiste, c'est qu'elle n'a jamais chanté de romance et qu'elle n'a jamais fait de mal à un piano.

XVII.

DU DANGER D'ÉCRIRE DES LETTRES.

E mardi, il y eut donc une petite fête plus ou moins valsante chez Mme de Tramont.

Le premier arrivé ce fut le comte de Briançon. Et pourtant il avait rebroussé chemin pour prendre une lettre qu'il venait d'écrire à Jeanne et qui devait avoir quelque retentissement dans le monde.

Le second arrivé fut M. Delamare. Et pourtant celui-ci avait pris un détour pour offrir à Mme et Mlle d'Armaillac de les conduire chez Mme de Tramont. Jeanne avait refusé, jugeant que c'était bien assez d'accompagner son mari après le mariage. Quoiqu'il vînt seul, M. Delamare, à son entrée, regarda M. de Briançon et lui fit un petit signe de tête triomphant.

— Le pauvre homme! pensa Martial, s'il savait l'histoire de sa femme, il serait un peu plus humble.

Cependant tout le monde était arrivé, moins Jeanne et sa mère. Martial commença à craindre qu'elles ne vinssent pas. Enfin, elles furent annoncées et elles apparurent, la mère très-éclatante, comme une mère qui marie sa fille, tandis que la fille semblait marcher dans un nuage de mélancolie. Elle salua à droite et à gauche sans voir personne, s'imaginant qu'on la saluait au passage. Elle vit pourtant, ou plutôt elle sentit que Martial était là.

Mme de Tramont alla à elle et lui fit mille chatteries :

— Il n'y a pas de fête sans vous, ma toute belle; vous êtes l'âme d'un salon et vous êtes la joie des yeux; si je n'avais du rouge sur les lèvres je vous embrasserais à tour de bras.

Martial, qui semblait étranger à tout ce qui se passait dans le salon, ne perdait pas de vue Mlle d'Armaillac; il la trouvait plus belle encore dans sa pâleur sous l'accent d'une passion trahie ; car elle avait beau vouloir s'en défendre, elle ne pouvait rejeter l'expression de ses peines de cœur.

La soirée commençait à s'animer. Le pianiste, qui était revenu, se mit au piano, pour faire du bruit. Après un premier tapage, Mme de Tramont pria une des jeunes Anglaises de chanter. Miss Jenny Ramson chanta une romance française, vous jugez comme ce fut beau. Quand elle eut fini, Martial profita du bruit des bravos et du tohu-bohu des félicitations pour saluer Mlle d'Armaillac.

Elle inclina froidement la tête comme si elle ne le connaissait que de bien loin ; il insista et voulut lui parler, elle sembla ne pas comprendre ; pour lui, il perdit la tête : comme il se trouvait seul avec elle, masqué par un groupe, il voulut lui remettre la fameuse lettre, dont on a déjà parlé; il ne l'avait écrite que pour le cas où il ne pourrait causer avec Jeanne. Or, il jugeait bien à sa mine glaciale qu'il n'y aurait de toute la soirée aucun entretien possible avec elle. Il prit donc la lettre roulée dans un gant et la passa dans la main de Jeanne, mais la jeune fille, décidée à ne plus le revoir, refusa de prendre la lettre.

Elle se leva avec sa dignité accoutumée et s'en alla dans le salon voisin pour échapper aux obsessions de Martial : la lettre tomba à ses pieds sans que M. de Briançon la vit tomber, tant il avait les yeux sur la figure de Jeanne; il s'imagina même qu'elle n'allait dans le salon voisin que pour lire cette lettre ou pour l'entraîner lui-même. Voilà pourquoi il la suivit.

A peine étaient-ils tous les deux dans le second salon qu'une des jeunes Américaines, qui avait vu le jeu, ramassa la lettre et s'écria :

— Qui a perdu un billet doux?

C'était une de ces jeunes filles qui aiment à faire beaucoup de bruit pour rien. Elle leva la main avec la lettre.

— Un billet doux! dit une autre, il faut lire cela.

— Tout haut! tout haut! dit une troisième.

Une quatrième demanda une voix de basse-taille.

On trouva cela amusant et on fit cerc'e autour de la trouveuse.

— Mesdames et mesdemoiselles, dit-elle, d'un air mystérieux, la lettre est cachetée, mais, comme il n'y a pas de nom sur l'enveloppe, le secret nous appartient à toutes.

— Lisez, lisez, dit une autre.

— Lisez vous-même, moi, je m'en lave les mains.

Et l'Américaine passa la lettre à celle qui venait de parler.

C'était justement l'Anglaise qui venait de chanter la romance. Elle avait été applaudie comme chanteuse, elle voulut se faire applaudir comme lectrice.

Aussi elle ne se fit aucun scrupule de briser le cachet.

— Ecoutez bien, dit-elle.

Et elle lut :

« C'est un adieu, puisque vous voulez un adieu,
« pourquoi n'êtes-vous pas revenue quand je
« vous attendais dans toutes les joies et toutes
« les anxiétés ? Ah ! cette fois, vous ne seriez
« pas sortie de cette chambre qui sera à tout
« jamais habitée par votre souvenir... »

— Qu'est-ce que cela ? dit Mme de Tra mont, qui venait de s'approcher et qui ne comprenait pas.

Un auditeur malicieux dit à la maîtresse de la

maison que c'était de la prose amoureuse, que miss Ramson mettait en musique pour le piano.

Il s'était fait un profond silence ; tout le monde commençait à comprendre que la lecture de cette lettre n'était pas si gaie que cela, puisqu'elle trahissait un secret.

Mais miss Ramson ne pensant qu'à l'effet qu'elle produisait, elle continua comme si c'eût été la lecture d'un morceau de littérature :

« C'est vous qui m'accusez, parce que je ne
« prends pas comme vous l'amour au tragique ;
« mais je sens bien dans mon cœur brisé que celui
« de nous deux qui aime le plus, c'est moi ; pour
« vous, ce n'était qu'une curiosité ; vous êtes
« venue chez moi un jour de rêverie romanesque,
« vous êtes revenue parce que c'était une dis-
« traction pour vous ; maintenant que vous savez
« que je vous aime, vous ne voulez plus me voir.
« Eh bien, moi je ne puis me résigner à ne plus
« vous voir. Je sens que mon âme n'est plus avec
« moi ; j'ai beau raisonner mon cœur, il se révolte
« et vous veut, parce que vous êtes sa vie.

« De grâce, revenez, ne fût-ce qu'une heure,
« ne fût-ce qu'un instant : il faut que je vous

« parle, vous savez, ces douces paroles qu'on
« dit dans un baiser. »

— Chut! s'écria Mme de Tramont, en arrachant la lettre des mains de miss Ramson, je ne veux pas qu'on dise que nous sommes dans une maison de fous. Cette lettre est sans doute un jeu.

Tous les visages, si gais d'abord, étaient devenus sérieux, M. Delamare était au premier rang.

— A moins, reprit Mme de Tramont, aussi imprudente que les plus jeunes, à moins que quelqu'une de ces demoiselles ne réclame ce chef-d'œuvre de passion.

Elle avait vu que la lettre n'était pas signée.

— Voyons, mesdemoiselles, à qui la lettre, pour qui la lettre?

Toutes se récrièrent, disant qu'elles ne recevaient pas de pareils billets doux.

Après le silence on avait fait tant de bruit, que tous ceux qui étaient dans le second salon venaient de rentrer dans le premier.

— C'est une chose inouïe! dit M. Delamare à Mlle d'Armaillac. Il paraît qu'une de ces demoiselles a perdu une lettre qui lui était adressée;

or cette lettre était une accusation en règle contre sa vertu.

— Oui, oui, dit Mme de Tramont, en se tournant vers Jeanne, je m'aperçois que j'ai fait une bêtise en laissant lire cette lettre; car les reporters vont dire demain cette histoire quelque peu scandaleuse : il y a ici une jeune fille qui a un amant, qui est allée chez lui et qui y est retournée.

Jeanne demeurait silencieuse.

— Voyons, ma toute belle, vous qui avez de si grands yeux, dites-moi quelle est celle, de toutes ces demoiselles, qui a un amant, pour que je la fasse reconduire à sa mère.

— Je vous avoue, dit Jeanne, que je n'en vois pas une seule que cette lettre puisse accuser.

— Eh bien ! ma chère amie, lisez plutôt cette lettre vous-même.

Et Mme de Tramont présenta la lettre de Martial devant la figure de Jeanne.

— Voilà l'acte d'accusation, dit à sa fiancée le substitut du procureur de la république.

Jeanne, en voyant l'écriture de son amant, n'eut pas la force de se dominer : elle tomba presque évanouie dans les bras de Mme de Tramont.

Martial survint à cet instant.

— Que se passe-t-il donc? demanda-t-il à Mme de Tramont.

— Vous ne savez pas qu'on a trouvé une lettre qui met ici tout le monde en révolution ; tenez, voyez ce chef-d'œuvre.

Martial eut plus de présence d'esprit que Jeanne : il éclata de rire.

— Ah! la bonne histoire! s'écria-t-il, je reconnais l'écriture.

XVIII.

LA VEILLE DU MARIAGE.

E demi-évanouissement de Mlle d'Armaillac ne dura que sept ou huit secondes. Quoique le désespoir l'eût profondément atteinte depuis quelque temps, elle se trouva assez de force pour se dominer; quoique l'amour lui eût donné toute sa folie, le sentiment du devoir envers sa mère et envers elle-même la rappela à la raison. En rouvrant les yeux, elle vit du premier regard M. de Briançon qui, tout agité, reprenait sa lettre.

Sa pâleur seule la frappa.

— Il m'aime donc! murmura-t-elle tout bas.

Leurs yeux se rencontrèrent et se noyèrent dans le même rayon d'amour. Jeanne porta la main à son cœur et se détourna en agitant son éventail.

Martial allait la suivre quand M. Delamare s'approcha d'elle pour lui parler.

— Est-ce que vous souffrez? lui demanda le jeune magistrat.

— Je ne sais ce que j'ai, répondit-elle. Allons dans la serre pour respirer, car ici il n'y a pas une bouffée d'air.

Elle lui prit le bras. Plus que jamais elle sentit que cet homme n'était pas la chair de sa chair, car rien qu'en touchant de son gant le drap de l'habit de son fiancé, elle eut un mouvement de répulsion.

— Et pourtant, pensa-t-elle, c'est un galant homme; il a toutes les vertus que je voudrais à Martial; il faut donc que l'amour soit un crime pour être l'amour.

Dans la serre, M. Delamare débita à Jeanne toutes sortes de bonnes paroles qui l'irritaient au lieu de la calmer. Il y a encore des gens qui s'imaginent qu'on triomphe des femmes par la douceur. Mais, comme disait Stendhall, pour le cœur qui souffre un petit verre de fine champagne vaut mieux qu'une carafe d'orgeat.

— Je vois bien, dit M. Delamare à bout d'arguments, que vous ne prendrez plus plaisir à la fête; il est plus de onze heures, voulez-vous vous en aller?

— Oui, avertissez ma mère et reconduisez-nous.

Cinq minutes après, Mme d'Armaillac, le futur époux et la future épouse étaient dans un coupé trois-quarts que M. Delamare avait loué pour la circonstance. Il parla beaucoup des préparatifs du mariage : tout était disposé, à la mairie comme à l'église. Le lendemain jeudi on devait se marier par-devant M. le maire; le vendredi on déjeunerait en famille. On ne se marierait pas à l'église ce jour-là par superstition; le samedi seulement on recevrait la bénédiction nuptiale à Saint-Augustin.

Jeanne écoutait l'historique de tous ces préparatifs, sans croire un seul instant que la mariée ce serait elle; aussi il n'y eut de discussion qu'entre sa mère et son fiancé; pour elle, elle trouvait que tout était bien.

Quand le coupé arriva devant la porte, le jeune magistrat voulut prendre Jeanne dans ses bras à la descente du coupé, mais Jeanne lui échappa comme un oiseau.

Il lui ressaisit la main.

— O Jeanne, lui dit-il doucement, en prenant des airs d'adoration, vous ne me mettrez pas toujours à la porte.

Il lui baisa la main tendrement, tout en serrant celle de sa mère.

— A demain et à toujours ! dit-il.

— A jamais ! pensa Jeanne.

Et il lui sembla que si M. Delamare venait le lendemain la prendre pour la conduire à la mairie, il ne trouverait qu'une morte au lieu d'une femme.

Dès que Jeanne fut seule dans sa chambre, elle écrivit ceci à M. Delamare :

« Vous êtes un trop galant homme pour que
« je ne vous ouvre pas mon cœur. Je croyais
« que je vous aimerais, mais nous voici à la veille
« du mariage et je n'ai pour vous qu'une pro-
« fonde estime. L'amour n'est pas venu et je
« suis de celles qui ont rêvé l'amour dans le ma-
« riage.

« Dieu m'est témoin que ce n'est pas faute de
« volonté si je ne vous aime pas. Je voulais for-
« cer mon cœur pour vous. J'ai échoué ; il faut

« donc que nous renoncions à nous marier :
« ce serait la prison pour tous les deux.

« Je suis trop loyale pour jouer la comé-
« die, prenez une femme qui sera bien à vous
« corps et âme. Nous n'avions pas envoyé de
« lettres d'invitations si ce n'est à nos amis
« intimes ; voyez-les demain matin et dites-leur
« ce que vous voudrez ; dites-leur, par exemple,
« que je suis atteinte d'une maladie mortelle.
« Qui sait ? les vraies lettres de faire part seront
« peut-être des lettres de deuil.

« Adieu ; quoi qu'il arrive, ne me gardez pas
« un mauvais souvenir.

« JEANNE D'ARMAILLAC. »

Dès que cette lettre fut écrite, Jeanne appela sa femme de chambre qui l'attendait dans son cabinet de toilette :

— Tenez, Emma, demain, à sept heures ; il faut que cette lettre soit chez M. Delamare. Pas un mot à ma mère ! ne lui dites pas non plus que je vais sortir ; apportez-moi vite ma robe noire.

Et quand la robe noire fut là, Mlle d'Armaillac, après l'avoir regardée, se dit à elle-même :

— Non, pourquoi n'irais-je pas avec ma robe de mariée ?

Et elle mit sa robe blanche.

Une étrange expression passa sur sa figure. Elle prit sa pelisse de fourrures, elle s'enveloppa, elle mit le capuchon et sortit sans se retourner, mais en jetant un baiser dans un regard vers la chambre de sa mère.

— Allons ! allons ! murmura la femme de chambre, voilà mademoiselle qui recommence ses folies.

A peine sur le palier, Mlle d'Armaillac revint sur ses pas.

— J'avais oublié, dit-elle.

Elle rouvrit son petit secrétaire pour y prendre trois ou quatre perles dans un tiroir à secret.

— C'est singulier, dit la femme de chambre, quand Jeanne fut repartie. J'ai bien envie d'avertir madame.

Et, se reprenant : — Ah ! ma foi, j'ai bien plus envie de dormir.

XIX.

ET POURTANT ELLE ÉTAIT BELLE.

u allait Mlle d'Armaillac?
Vous l'avez deviné : la rue du Cirque l'attirait comme l'abime.

Il était minuit et demi quand elle entra chez Martial. L'éternel négrillon était là, fidèle à son poste.

— Oh! madame, dit-il à Jeanne, je crois que vous avez tort de venir ce soir, parce que M. le comte a fait préparer à souper. Voyez plutôt la salle à manger.

Jeanne ne voulut pas voir; une fois encore elle fut frappée au cœur.

— Quoi! dit-elle, ce n'est pas fini : cette fille me fera souffrir mille morts.

Elle s'imaginait que c'était un souper en tête-à-tête. Si elle eût vu une table de six couverts, elle se fût enfuie. Mais l'idée que Marguerite viendrait le soir avec son amant ne l'empêcha pas d'entrer dans la chambre à coucher.

— Ce sera le bouquet de la fête, pensa-t-elle.

En voyant la pâleur de Martial, chez Mme de Tramont, elle s'était d'abord imaginé que décidément elle l'emportait sur son indigne rivale; que M. de Briançon lui sacrifiait enfin cette fille; qu'elle le retrouverait, sinon prêt à l'épouser, du moins prêt à vivre avec elle...

C'en était fait de son dernier rêve.

— Je suis maudite! dit-elle, je ne puis faire ni le bien ni même le mal!

Elle se mit à la petite table où écrivait Martial. Elle prit une plume et la fit courir comme le feu sur le papier aux armes de son amant.

« Martial, ce que vous faites là est indigne. Vous
« m'arrachez une dernière fois à ma résignation
« pour me jeter dans la mort et dans l'enfer.

« C'est donc une vengeance que votre amour.
« Quoi, c'est vous qui me punissez de mon crime
« de vous avoir aimé, ah! vous êtes cruel! ja-
« mais, jamais, une pauvre femme n'a été frappée
« ainsi d'une arme empoisonnée. Martial, vous
« n'avez donc jamais souffert, ou bien vous vous
« vengez sur moi des blessures que les autres
« femmes vous ont faites? vous m'avez choisie
« pour victime, parce que j'étais la plus blanche,
« la plus pure, la plus fière. Oh! Martial, c'est le
« supplice des supplices; autrefois on écartelait à
« quatre chevaux : il me semble que quatre che-
« vaux emportent mon cœur qui se déchire. Et
« pourtant, ce soir, votre figure n'était pas celle
« d'un barbare. Mais ce n'était que le masque du
« sentiment; c'était pour me tromper quand j'a-
« vais juré de ne plus vous croire. Voilà le raffi-
« nement de la cruauté? Que voulez-vous que je
« devienne après toutes ces misères? J'ai violé
« tous mes devoirs de fille et de jeune fille, je ne
« suis plus qu'une chrétienne maudite, je n'ai de
« refuge que dans la mort, et dans la mort sans
« pardon. O Martial! Martial!

« Pourquoi ne pas vous le dire? j'avais brisé
« avec le mariage; j'étais venue ici toute à vous;

« mais en entrant je m'aperçois trop que je n'y
« suis pas attendue.

« Nous ne sommes que pour les entr'actes
« nous autres. »

Ici M{{lle}} d'Armaillac laissa tomber sa plume
en se demandant ce qu'elle allait écrire encore.

Quand elle avait pris chez elle les trois ou
quatre perles qui avaient éveillé l'attention de
sa femme de chambre, elle n'était pas décidée à
mourir en retournant chez Martial, mais elle
voulait avoir la mort sous la main.

Ces perles, en effet, qui étaient des perles fausses, renfermaient un poison très-violent, le poison des Indiens, qui fut le poison du moyen âge
et qui est redevenu aujourd'hui à la portée de
tout le monde, à la condition toutefois de connaître un chimiste. Jeanne, qui avait toujours
été romanesque, s'était dit de bonne heure qu'il
fallait toujours avoir un poignard et du poison.
Elle prit les perles dans son porte-monnaie, elle
les regarda et dit avec un sourire amer :

— On a mis des perles dans ma corbeille de
mariage.

Elle ressaisit la plume et elle acheva la lettre.

« Moi aussi j'ai ma vengeance. Quand vous
« rentrerez, Martial, quand vous rentrerez avec
« cette femme, vous lui direz que la place est
« prise. »

Mlle d'Armaillac ne signa point cette lettre,
elle jeta la plume et s'approcha de la cheminée.
Se voyant dans la glace, elle ne put arrêter ce
cri :

— Et pourtant j'étais belle.

XX.

LE LIT NUPTIAL.

CE jour-là, le comte de Briançon nous avait invités à souper chez lui, nous deux le marquis de Satanas, Offenbach, le marquis de Saint-Georges et le *Monsieur de l'Orchestre*. Mlle Marguerite Aumont voulait nous chanter des airs de grand opéra, pour nous donner une haute idée de sa voix et de sa méthode.

Les deux amoureux, qui s'étaient retrouvés au café Riche, s'en revinrent ce soir-là plus amoureux que jamais, quoique le comte de Briançon gardât dans son cœur la pâle image de Mlle d'Armaillac.

Il était minuit. Le souper était pour une heure.

C'était un souper froid, aussi les deux hommes de service n'étaient pas encore arrivés.

Le négrillon était dans la cuisine avec le chef. Cette fois il ne s'était pas endormi, car il pressentait un orage entre les deux maîtresses. Quand il entendit la petite clef de Martial dans la serrure, il se présenta devant la porte pour dire au comte qu'il allait trouver quelqu'un, mais il n'osa parler.

Ce fut Marguerite Aumont qui passa la première, avant que M. de Briançon ne pût l'arrêter.

Je ne sais pas si elle avait bien faim et si elle était disposée à faire honneur au souper, mais elle chanta pour son entrée un air de Mme Angot.

— Allons, allons, dit Martial, je t'ai déjà mis dix fois à l'amende aujourd'hui; je te défends de continuer cet orgue de Barbarie.

Mais Marguerite Aumont qui avait dîné gaiement chanta de plus belle, cette fois à tue-tête.

— Prends garde, ma chère, tu vas réveiller le chien de ma voisine.

— Pourquoi ta voisine couche-t-elle son chien sitôt? Tant pis. Quand je suis chez toi je suis chez moi.

C'est en disant ces mots que Marguerite Aumont franchit le seuil de la salle à manger.

— Je meurs de soif, reprit-elle.

Et elle se précipita vers un seau d'argent où baignait dans la glace déjà fondue une bouteille de vin de Champagne.

Mais avant de boire, elle entra dans la chambre à coucher pour jeter sa pelisse et son chapeau sur le lit. Un spectacle inattendu détourna son regard.

Elle vit Mlle d'Armaillac couchée sur le lit, la tête renversée, les bras tombants, vêtue de sa robe blanche toute arrosée de sang.

Martial fut bientôt frappé par le même spectacle.

Comme ce n'était pas un homme de sang-froid, il crut qu'il devenait fou et que c'était une hallucination.

Il se jeta vers le lit en détournant avec violence sa maîtresse qui était sur son chemin.

— Qu'est-ce que c'est que ça ? dit Marguerite un peu dégrisée.

Martial avait saisi la main de Jeanne.

— Jeanne ! Jeanne ! cria-t-il. Qu'avez-vous fait ? Et c'est moi qui suis coupable ! Jeanne,

Jeanne, dites-moi que vous n'êtes pas morte?

Et il mit ses lèvres sur le front de la jeune fille.

Marguerite Aumont s'était rapprochée.

— Eh bien! Dieu merci, on prend notre lit pour un lit nuptial ou pour une dalle de la morgue. Pourquoi cette dame n'est-elle pas morte chez elle?

Martial se retourna, frappa du pied et dit à sa maîtresse un — Tais-toi! — qui la fit pâlir plus que l'horrible tableau qu'elle venait de voir.

Pourtant elle osa murmurer encore :

— Dis-lui donc de te parler.

— Écoute, reprit Martial en repoussant Marguerite loin du lit, j'ai eu toutes les lâchetés avec toi, mais aujourd'hui c'en est trop. Tu dois comprendre que devant cette femme morte tu vas t'en aller pour ne plus revenir.

Marguerite Aumont voulut défendre son droit d'asile.

— Pas un mot! pas un mot! poursuivit M. de Briançon en la repoussant hors de la chambre à coucher. Tu n'as ni cœur ni âme si tu ne comprends pas que devant cet épouvantable malheur tu dois t'enfuir chez toi. Cette femme morte, c'est toi qui l'as tuée.

Devant la soudaine énergie de son amant, Marguerite Aumont se résigna à s'en aller, tout en murmurant avec dignité :

— Je ne reviendrai pas.

XXI.

LES DEUX SOUPERS.

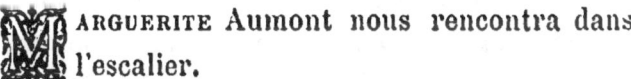arguerite Aumont nous rencontra dans l'escalier.

— Ah! oui, dit-elle, en nous donnant la main, vous allez en voir de belles, là-haut. Vous veniez pour souper, vous allez trouver une demoiselle qui a soupé avec du poison. Pour moi, on m'a galamment mis à la porte.

Nous ne comprenions pas un mot. Marguerite Aumont descendit et nous montâmes.

M. de Briançon n'avait pas refermé la porte, si bien que nous entrâmes dans l'appartement et que nous avançâmes jusqu'à la chambre à coucher.

Quel spectacle! Il couvrait de baisers M{^lle} d'Armaillac dans sa pâleur de morte. Dès qu'il nous vit, il vint à nous. Sa figure exprimait toutes les désolations.

— C'est vrai, nous dit-il, je vous avais invité à souper, mais ces fêtes-là sont finies pour moi.

Il nous entraîna dans le salon, ne voulant pas que nous puissions reconnaître celle qui était couchée sur son lit, empoisonnée et poignardée.

— Vous êtes, nous dit-il, des hommes de cœur, aussi je ne vous demande pas le secret.

Et, pour nous dérouter : — D'ailleurs, c'est une femme inconnue à Paris. Elle s'est figuré que je l'aimais et elle est venue mourir chez moi.

Tout en nous parlant, il nous conduisait à la porte. Cette fois, quand nous fûmes sortis, il la ferma par un tour de clef.

A peine étions-nous dans la rue que le diable me dit : — Me voilà trop vengé. J'avais bien prévu que M{^lle} d'Armaillac finirait mal.

— Êtes-vous donc bien sûr qu'elle soit morte? lui demandai-je.

— Ne l'avez-vous donc pas vue? Elle a déjà les couleurs de la cire.

— C'est pourtant votre faute.

— Mais non! vous savez bien que c'est la faute des passions. Je ne suis moi-même que le jouet de celui qui s'amuse de tout. Mais ne tuons pas nos nerfs dans les émotions. Ceci ne nous empêchera pas de souper.

— Et où irons-nous souper?

Au moment où je faisais cette question au marquis de Satanas, nos yeux furent pris par une vive lumière qui resplendissait aux fenêtres d'en face.

— La bonne histoire et la bonne comédie, dit le diable, en accentuant son éternel sourire. C'est le fiancé de Mlle d'Armaillac, c'est M. Delamare qui enterre sa vie de garçon.

— Comment, si près de cette pauvre fille qui vient de mourir!

— Ne saviez-vous donc pas qu'il demeurât vis-à-vis de M. de Briançon?

— Le hasard fait bien les choses.

— Vous savez que nous pouvons aller souper chez lui! Non-seulement il m'a invité, mais j'ai un Espagnol de mes amis qui doit être du festin avec sa maîtresse, Mlle Rosa-la-Rose, — déjà nommée, — car il y a des femmes :

Pour être magistrat, on n'en est pas moins homme.

— Ma foi, si vous êtes sûr que nous n'arriverons pas là comme des chiens dans un jeu de quilles, allons-y.

— Vous n'êtes pas fâché de voir ce contraste. Eh bien, montons.

Je suivis le marquis de Satanas. Nous fûmes reçus cordiablement — cordiablement. — On venait de se mettre à table. La gaieté pétillait déjà dans les coupes et dans les esprits. Seul, M. Delamarre avait les vagues inquiétudes familières à sa gravité. Mais il voulait qu'on s'amusât dans cette petite fête, qui était son adieu à la jeunesse. Il n'avait aucune idée de ce qui venait de se passer en face. Il croyait que Mlle d'Armaillac avait eu une sympathie un peu vive pour le comte de Briançon, mais il ne doutait pas que ce fût la plus honnête fille du monde. Il jugeait qu'il serait heureux avec elle. Il était fier de sa beauté et de son nom. Un de ses amis lui avait bien dit que Mlle d'Armaillac s'était un peu compromise avec Martial. Il s'était même risqué à lui faire entendre qu'elle était peut-être venue chez lui. Mais M. Delamare avait coupé court en s'écriant : — Ce n'est pas vrai, car je demeure en face et je ne l'ai pas vue

Certes, Mlle d'Armaillac ne se mettait pas à la fenêtre quand elle venait chez M. de Briançon.

On s'amusa beaucoup chez M. Delamare. Un des convives porta un toast à la jeunesse; un autre porta un toast au mariage.

— Vous ne buvez pas? dis-je au marquis de Satanas.

— Mon cher ami, me répondit-il, c'est que je ne crois plus à la jeunesse; c'est que je n'ai jamais cru au mariage.

XXII.

LE POIGNARD.

MARTIAL était retourné devant le lit ; il contemplait tout frappé de désespoir et de vertige cette adorable Jeanne dans la pâleur de la mort.

Il vit alors sous un pli de la robe de Mlle d'Armaillac un petit poignard avec lequel elle avait joué souvent chez lui ; elle lui avait même dit à leur première entrevue : « Je n'ai jamais aimé les bijoux, mais je comprendrais que les femmes portassent un petit poignard à la ceinture sinon à la jarretière. »

Sans doute au dernier moment elle s'était décidée à mourir par le poignard plutôt que par le poison.

— Du sang! du sang! s'écria Martial.

Il n'osait regarder la blessure. Il ouvrait de grands yeux, mais il ne voyait pas.

— Jeanne, Jeanne, dit-il en soulevant la tête de Mlle d'Armaillac, pardonnez-moi votre mort.

Et il regarda ses beaux yeux ouverts qui ne lui disaient rien.

Il tomba agenouillé et murmura une seconde fois :

— Jeanne, Jeanne, pardonnez-moi votre mort !

Après un silence, après une suprême prière à Dieu, prière de l'âme désolée, bien plus éloquente que celle des lèvres, il s'adressa mille imprécations :

— Quoi, cette jeune fille, toute pure, qui n'avait connu que Dieu et sa mère, elle est venue à moi, elle m'a donné son cœur et son âme, et moi j'ai pris son corps comme une bête affamée, et j'ai trahi le cœur, et j'ai perdu l'âme. Elle m'apportait toutes les joies : je lui ai donné toutes les douleurs. Comme elle était belle et comme elle est belle encore !

Martial, qui avait déjà tenu le poignard ensanglanté, le ressaisit pour se frapper à son tour.

C'était le prix du pardon qu'il demandait à

Jeanne ; si elle ne ne lui avait pas pardonné dans la vie elle lui pardonnerait dans la mort.

Avant de se frapper il alla au coin de la cheminée décrocher une petite miniature qui représentait sa mère. Il y posa ses lèvres et murmura :

— Toi aussi, tu me pardonneras !

Sa mort dans sa pensée était une bonne action : par sa mort il croyait sauver l'honneur de Mlle d'Armaillac. On la trouverait chez lui, mais que dirait-on de mal devant leur suicide à tous les deux ? Elle allait se marier avec un homme qu'elle n'aimait pas parce qu'elle aimait M. de Briançon : elle est allée à Martial, elle lui a ouvert son cœur, mais elle a voulu mourir. Et lui, ne pouvant la décider à vivre avec lui, il a voulu mourir avec elle. Qui oserait accuser sa vertu devant la mort de tous les deux ?

— Oui, il faut que je meure, dit Martial, en présentant d'une main vaillante la pointe du poignard sur son cœur...

Mais à cet instant on frappa à la porte.

FIN DU PREMIER VOLUME.

TABLE

DU PREMIER VOLUME.

LIVRE I.

MONSEIGNEUR LE DIABLE.

I.	Comment mademoiselle Jeanne d'Armaillac fut possédée du diable en l'an de grâce 1873. . .	3
II.	Le marquis de Satanas.	10
III.	Comment cinq jeunes filles prirent le thé avec le diable.	15
IV.	Qu'il ne faut pas jouer avec l'enfer.	19
V.	La descente de l'Opéra.	23
VI.	Un souper diabolique.	29
VII.	Une lettre à jeter au feu.	36
VIII.	La descente aux enfers.	40
IX.	Une mauvaise connaissance.	51

LIVRE II.

LE TRÉSOR DU MARI.

I.	Le mari et la femme.	61
II.	Les mystères de la mort	71
III.	Pourquoi mademoiselle Rosa-la-Rose tomba-t-elle évanouie?.	75
IV.	Le trésor du vicomte.	82
V.	L'agonie de l'amour.	86

LIVRE III.

UN ANGE SUR LA TERRE.

I.	Avant-propos du diable................	93
II.	L'églogue du capitaine	99
III.	Comment on se marie.................	108
IV.	Le premier quartier de la lune de miel.....	115
V.	Le second quartier de la lune de miel......	124
VI.	Promenade à Houlgate................	128
VII.	Histoire d'une drôlesse...............	136
VIII.	L'abîme........................	147
IX.	La mère et la femme................	152
X.	Le lion amoureux...................	159
XI.	La dôt d'un ange...................	165
XII.	L'adieu des soldats.................	171
XIII.	Moralité.......................	174

LIVRE IV.

DON JUAN VAINCU.

I.	Le paradis retrouvé.................	179
II.	La vertu dans l'amour...............	186
III.	Le cœur et les lèvres................	192

LIVRE V.

M. PAUL ET MADEMOISELLE VIRGINIE

I.	M. Paul et mademoiselle Virginie........	205
II.	Une mort romaine..................	216
III.	La duchesse au grain de beauté..........	220
IV.	Figures parisiennes.................	228

LIVRE VI.

LE PÉCHÉ DE JEANNE.

I.	Le diable amoureux.	237
II.	Portrait de mademoiselle Jeanne d'Armaillac.	240
III.	Une valse infernale	249
IV.	Comment on souffle sur le feu	263
V.	Portrait d'un amoureux et d'une amoureuse.	274
VI.	Les amorces du péché	279
VII.	Le duo à table	283
VIII.	Le déjeuner de Marguerite.	300
IX.	Pourquoi Jeanne pleurait-elle au coin du feu de Martial	316
X.	Les drames du cœur.	319
XI.	Ainsi va le monde.	325
XII.	L'amour de l'abîme	333
XIII.	Les heures de folie amoureuse	341
XIV.	Où l'on voit danser mademoiselle d'Armaillac.	348
XV.	Dieu et Satan	352
XVI.	Le va-et-vient du cœur.	357
XVII.	Le danger d'écrire des lettres.	364
XVIII.	La veille du mariage.	374
XIX.	Et pourtant elle était belle.	380
XX.	Le lit nuptial	385
XXI.	Les deux soupers.	390
XXII.	Le poignard	394

FIN DE LA TABLE DU PREMIER VOLUME.

IMPRIMERIE EUGÈNE HEUTTE ET Cⁱᵉ, A SAINT GERMAIN.

www.ingramcontent.com/pod-product-compliance
Lightning Source LLC
Chambersburg PA
CBHW071240240426
43671CB00031B/1290